W0067921

Der Ruhrpott pauschal Wer sich im Ruhrpott wohl fühlt, stammt entweder selbst aus dem Ruhrpott, oder er ist ein Mensch mit einer Vorliebe für Eisenverhüttung, Fußballstadien und Pilsken. Über die Ruhrpottler gibt es viele Vorurteile, die möglicherweise richtig sind. Andererseits sind Ruhrpott-Image und Ruhrpott-Identität auch nicht unbedingt dasselbe.

Was sind Ruhris: Ehrliche Malocher? Ewige Nörgler? Pommesfresser? Solidarische SPD-Genossen? Welche Alltagsgewohnheiten bestimmen das Leben im Ruhrgebiet? Wie verhalten sich Ruhrpottler in der Familie, bei der Arbeit, in der Freizeit? Wodurch ist ihr Humor, ihr Kulturleben gekennzeichnet?

Was typisch für den Ruhrpott ist, geht weder in dem modernen Begriff Region noch in dem alten Wort Heimat ganz auf. Es genügt ja auch schon, wenn die Menschen, die dort zu Hause sind, sich in dem Bewußtsein sonnen, gemeinsam anders zu sein.

In dieser Serie: ›Die Bayern pauschal‹ (Bd. 14051), ›Die Berliner pauschal‹ (Bd. 14052), ›Die Franken pauschal‹ (Bd. 14055), ›Die Hamburger pauschal‹ (Bd. 14056), ›Die Sachsen pauschal‹ (Bd. 14053).

Felix Janosa, geboren 1962 in Clausthal-Zellerfeld als Sohn einer Lehrerin und eines Eisenhütteningenieurs, verbrachte seine Schul- und Studienzeit im Ruhrgebiet. Neben ausgedehnter Konzerttätigkeit als Musiker und Kabarettist schrieb er Kindermusicals und Lehrwerke für den Musikunterricht. Er unterrichtet an der Musikhochschule Köln und lebt mit Frau und Tochter in Stolberg bei Aachen.

Der Ruhrpott pauschal

Von Felix Janosa

Fischer Taschenbuch Verlag

Originalausgabe
Veröffentlicht im Fischer Taschenbuch Verlag GmbH,
Frankfurt am Main, Juni 1998

© Fischer Taschenbuch Verlag GmbH, Frankfurt am Main 1998
Druck und Bindung: Clausen & Bosse, Leck
Printed in Germany
ISBN 3-596-14054-4

Inhalt

Ruhrpott-Image &
Ruhrpott-Identität

Ruhrgebietler, Reviermenschen, Ruhrpöttler? »Gehoppst wie gesprungen« meinen die Leute, die zwischen Duisburg und Dortmund leben. Oder – in der Nord-Süd-Achse – zwischen Oer-Erkenschwick und Wuppertal. Ob Westfale oder Niederrheiner, Schlesier oder Pole, Italiener oder Türke: Wer nicht dumm in der Landschaft rumsteht und ordentlich mit anpackt, gehört dazu.

Abstrakte Begriffsbildung hält der Ruhrgebietsmensch für nebensächlich. Sein Blick ist immer auf das Wesentliche und Konkrete gerichtet. Was bedeutet, daß erstens jede anfallende Arbeit korrekt und zügig erledigt wird (»Machma voran!«), zweitens der Mund gehalten wird, wenn man nichts zu sagen hat (»Machse hier den Entertainer, oder wat?«) und drittens immer genügend Bier im Kühlschrank steht. Ruhrgebietler wird man nicht durch genetische Prädisposition oder den Kauf eines Hauses in Gelsenkirchen. Einzig die Annahme der tüchtig-naiven, zuweilen aber auch selbstironischen Lebenseinstellung macht einen zum Ruhri.

Die wenigen noch sichtbaren Überbleibsel schwerindustrieller Vergangenheit sind heute zu Kult und touristischer Attraktion geworden. »Erlebnistouren« führen zu denkmalgeschützten Arbeitersiedlungen, auf ehemalige Werksgelände oder zur Schachtanlage »Zeche Zollern«, deren Jugendstiltor Deutschlands meistgeklebte 80-Pfennig-Briefmarke ziert.

Wer Ruhrpott sagt, denkt zwar noch immer an behelmte Malocher mit geschwärzten Gesichtern, aber inzwischen ebenso an Musical-Hallen, Museen oder Einkaufszentren. Zwischen Tradition und Innovation, zwischen harter Maloche und Warentermingeschäften hat der Ruhri nie seine pragmatische Weltsicht aufgegeben: »Hömma, wat mußtu hia eine Übbastunde nache andan schiem? Denk dir imma: Dat letzte Hemd hat keine Taschen!«

Der Ruhri gegen den Rest der Welt
Eine der beliebtesten filmischen Inkarnationen des Ruhrpottlers ist *Theo* aus Herne, ein begnadeter Zocker und ebenso begnadeter Verlierer. Mit seinem italienischen Freund Enzo hat er das Geld für einen Laster zusammengekratzt, eine Spedition aufgemacht und stolpert von einer Katastrophe in die andere: Der Laster wird geklaut, Theo wird mehrmals ordentlich verprügelt, zu guter Letzt muß er sich sogar einen Finger abschneiden, um zu überleben. Doch rücksichtslos gegen sich selbst und voller irriger Hoffnungen rappelt sich Theo immer wieder auf und versucht, selbst der ausweglosesten Situation etwas abzugewinnen. Diese komische und zugleich trau-

rige Gestalt in Turnschuhen – im Film »Theo gegen den Rest der Welt« dargestellt von Marius Müller-Westernhagen – ist die Projektion der großen Ruhrgebietsphantasie: Einmal ganz groß rauskommen, einmal das ganz dicke Ding schaffen. Sein beständiges Scheitern kompensiert Theo durch hektischen Aktionismus und das Spucken von ganz großen Tönen: Die Tatsache, daß ihm andere immer eine Nasenlänge voraus sind, kann und will er nicht zur Kenntnis nehmen.

Ähnlich wie sein Held Theo fühlt sich der Ruhri von jedem und allem benachteiligt: Der Ruhrgebietsvater glaubt, daß seinem Sohn die Versetzung verweigert wurde, weil dieser aus einer Arbeiterfamilie stammt; die Ruhrgebietsmutter glaubt, daß ihre Kinder außerhalb des Ruhrgebiets bestimmt gesünder aufwachsen würden; der Kohlekumpel fühlt sich hintergangen, weil sein Berufsstand im 21. Jahrhundert nicht mehr durch Subventionen erhalten wird; der Essener fühlt sich angeschmiert, weil Düsseldorf die Hauptstadt von NRW ist. Jeder Revierbewohner lebt in der permanenten Angst, übervorteilt zu werden, und wittert hinter ganz alltäglichen Vorgängen Heimtücke, Verschwörung und Gewinnsucht – vor allem seitens der Nicht-Ruhrgebietler. Staubsaugervertreter, Make-up-Beraterinnen oder Jehovas Zeugen haben es im Ruhrgebiet deswegen besonders schwer. Auswärtige sollten sich von scheinbar gelangweilten oder apathischen Gesichtszügen im Ruhrpott nicht täuschen lassen: In sehr lebhaften und ausführlichen Tagträumen malt sich der Reviermensch detailliert aus, was er alles anstellen würde, wenn. Ja, wenn man noch einmal dem Pauker begegnen würde, der gesagt hat: »Kitzmann! Dein Vater ist Bergmann, du hast hier auf dem Gymnasium nichts zu suchen!« Wenn der Chef ihn noch einmal vor versammelter Mannschaft runterputzt, dann! Aber anders als sein Idol Theo erweist sich der Ruhri allen Wenns zum Trotz als ziemlich angepaßte Gestalt. Statt auf eherne, jahrhundertealte Riten und Bräuche, wie sie altdeutschen Stämmen eigen sind, muß er sich auf eher flüchtige Werte wie Arbeitsstelle, Ehe und Freundschaft stützen. Stärke zeigt der Ruhrgebietler daher vor allem in der Gruppe: als Belegschaft, im Kegel- oder Gesangverein, bei der Arbeiterwohlfahrt oder in der Nordkurve.

Wie sie von anderen gesehen werden

Die Ruhrpottler sind – in den Augen vorurteilsbeladener Mitdeutscher – lungengeschädigte Varianten des prolligen Ballermann-Germanen: Sie haben zwar Deutschland nach dem Krieg wiederaufgebaut, stehen aber jetzt mit ihren Rentenansprüchen und Kohlestreiks der weltmarktorientierten Zukunft und einem ordentlichen Wirtschaftsaufschwung im Wege. Viele Ruhrpottler haben unaussprechliche polnische Familiennamen, die auf -czyk oder -ski enden, eine dicke Frau, die nur Erbsensuppe kocht, und viele Kinder, von denen aber nur eines knapp den Realschulabschluß geschafft hat. Der Sachbearbeiter vom Sozialamt ist des Ruhrpottlers bester Freund; die zwei Bücher, die er besitzt, heißen *So repariere ich meinen Opel Ascona* und *Mallorca für Einsteiger*. Bier trinkt er grundsätzlich nur aus Dosen, die während des Fernsehens durchs geöffnete Fenster auf die Straße geworfen werden; im Zustand der Volltrunkenheit grölt er bis spät in die Nacht hinein wahlweise »Schalke«, »Be Vau Be« oder »Zieht den Bayern die Lederhosen aus«. Vieles davon ist purer Unsinn, manches stimmt.

Eine repräsentative Umfrage unter Bundesbürgern, die nicht im Ruhrgebiet seßhaft waren, ergab: Nur 1 % würden sehr gerne in einer Region wohnen, in der es Stadtteile gibt, die Eisenheim (Oberhausen) oder Stahlhausen (Bochum) heißen. Man fürchtet nicht nur das Einatmen krebserregender Emissionen und den Anblick von Fördertürmen und Abraumhalden, auch den Menschen im Revier hält man für nicht so recht gesellschaftsfähig. Während anderen Großstadtbewohnern gelegentlich Eleganz, Weltoffenheit, gar Mondänität nachgesagt wird, stellen sich viele Nicht-Ruhrgebietler beim Bochumer oder Gelsenkirchener höchstens eine Figur vor, die mitten auf dem Bürgersteig mit einer Schale Doppel-Pommes und einer ALDI-Bierdose herumsteht. Die Sprache, das Ruhrgebietsidiom, empfindet der Auswärtige eher als Sozio- denn als Dialekt. Sie wird vom Nicht-Ruhrgebietler immer dann eingesetzt, wenn es in Fernsehspielen gilt, einen kleinen Gauner, einen streikenden Stahlkocher oder eine beschränkte Putzfrau unterzubringen. Keinem Drehbuchschreiber käme es in den Sinn, Mathematikprofessoren oder Solo-Cellistinnen zu erfinden, die »Hömma, Kollege!« oder »Hasse wat, bisse wat« sagen. Obwohl es die natürlich gibt.

Wie sie die anderen sehen

Der Düsseldorfer gilt dem Reviermenschen schlicht als Schickimicki. Zudem glaubt er, daß der Düsseldorfer ihn ein wenig von oben herab betrachtet. Was für den Fernsehturm und viele hohe Verwaltungsbauten ja auch zutrifft. Im Ruhrpott wird gearbeitet, in Düsseldorf höchstens Papier verbraucht und sehr häufig zum Brunch oder zur Vernissage mit Sektkonsum gegangen. Die hieraus resultierende Verweichlichung führt zwangsläufig zur katastrophalen Verschlechterung der fußballerischen Moral (Fortuna Düsseldorf). Rockstars aus der Landeshauptstadt (*Tote Hosen,* Marius Müller-Westernhagen) werden generell akzeptiert, karnevalistische Fernsehübertragungen weniger. Wenn der Reviermensch einen Düsseldorfer ärgern möchte, verkürzt er einfach die Postadresse zu »D'dorf«. Über die luxuriöse Einkaufsmeile Königsallee kann man mit der nach Mode ausgehungerten Ehefrau alle zwei Monate gehen, auch die Altstadt – benannt nach dem gleichnamigen Bier – ist einen Abstecher wert, aber sonst?

Oberflächlich betrachtet dürfte der Ruhrgebietler mit dem Kölner kaum Schwierigkeiten haben: Besitzt dieser doch wie der Ruhrgebietler einerseits einen Hang zur eher derben Volkstümlichkeit und andererseits einen ausgeprägten Bierdurst. Hier beginnt das Problem. Denn das etwas süßliche Kölsch ist gar nicht nach dem herben Geschmack des Ruhrgebietlers. Dazu erheben sich grundsätzliche Barrieren auf sprachlicher Ebene, sagt der Kölner doch »Fritten«, wenn der Ruhrmensch »Pommes« meint. Erschwerend kommt die bekannte rheinländische Schwatzsucht hinzu und die für einen Ruhri peinliche Angewohnheit, sich ständig über die Schönheiten des jeweils anderen Geschlechts auslassen zu müssen. Und dann erst der Kult ums Brauchtum! Schon wenn ein Hund zweimal an dieselbe Radkappe pinkelt, ist das dem Domstädter Anlaß genug, von einer »schönen kölschen Tradition« zu sprechen. Nein, des Rheinländers Lebensinhalt (1. Karneval, 2. Karneval, 3. Punkte eins und zwei) und Weltsicht (»Enä, wat iset heute widder schöön!«) vermag den Reviermenschen kaum vom Hocker zu reißen.

Wesensverwandter sind da die Sauerländer. Aus der Sicht des bayernunkundigen Ruhrgebietlers handelt es sich dabei um derbe und streitlustige Bergbewohner, die an Talsperren oder Skiliften leben. Das Verhältnis von Ruhrgebiet und Sauerland entspricht in etwa dem von München und Kitzbühel. Der Kahle Asten, die mit 841 Metern über dem Meeresspiegel höchste Erhebung des Sauerlandes, ist dem Ruhrgebietler gleichbedeutend mit Mount Everest. Sobald in Dortmund oder Bochum auch nur fünf Millimeter Schnee gefallen sind, begibt sich der risikofreudige Ruhri mit dem *Samba-Express* in den sauerländischen Kurort Winterberg, um dort an den insgesamt über zwei Liften ständig aus der Spur zu fallen oder eine merkwürdige Vorstellung von dem abzugeben, was man andernorts Skifahren nennt. Bein- und Skibruch werden dabei weniger gefürchtet als das Versiegen alkoholischer Reserven. Als besondere Attraktion gelten die Sauerländer Mädchen, denen erotisches Flair nachgesagt wird. Vielleicht umgibt sie aber auch lediglich ein Hauch frischer Landluft, der dem Reviermenschen weitgehend unbekannt ist.

Nördlich von Bottrop oder Marl vermutet der Ruhrgebietler ausschließlich Kühe und die dazugehörenden Weiden. Und dann schon die Nordsee. Den vereinzelt in dieser Gegend anzutreffenden Münsterländer hält man im Revier für lahm und begriffsstutzig. Leider sind diese Münsterländer zum größten Teil Verwandte des Ruhrgebietlers, die man einmal im Jahr besuchen muß, auch wenn sie westfälisches Platt sprechen. Dieser alte Dialekt ähnelt dem Friesischen oder Holländischen und war einst auch im heutigen Kohlenpott zu Hause. Aber daran will der Ruhri heute nicht mehr erinnert werden. Wer möchte schon so eng mit Bauern verwandt sein, die zwar dicke Nachtschattengewächse, aber nur einen sehr niedrigen IQ besitzen?

Den Holländer schätzt der Ruhrgebietler weniger als Individuum denn als Handelspartner. Das kommt dem niederländischen Geschäftssinn entgegen und so entspinnt sich folgende merkantile Beziehung: Den abschätzig »Käsköppe« genannten Nachbarn wird erlaubt, sich in der Einkaufsstadt Essen oder im Oberhausener *CentrO* mit preiswerten Waren einzudecken. Der niederländische Andrang ist mittlerweile so stark, daß viele Einzelhändler auch die Bezahlung in Gulden akzeptieren. Als Gegenleistung erhält man für seinen Campingwagen und das Zelt ein Wochenendplätzchen am holländischen Strand, liest die *Bild*-Zeitung oder schaut sich das Heimspiel von Schalke im mitgebrachten Fernseher an. Zu menschlichen Kontakten kommt es nie, weil der Ruhrgebietler behauptet, Niederländisch nicht zu verstehen und der Niederländer umgekehrt den Ruhrgebietsdialekt für eine Fremdsprache hält. Der Ruhri der älteren Genera-

tion hält – immer das schlechte Gewissen des Ex-Okku-
pators im Hinterkopf – den Niederländer für muffig und
reserviert und Amsterdam für viel zu liberal. Anders der
jugendliche Szenebewohner des Ruhrgebiets, welchem
die Grachtenstadt von Alt-68ern immer noch als attrak-
tives Reiseziel mit optionalem Haschischkonsum empfohlen wird.

Wie sie sich selbst sehen

Der Ruhrgebietler käme nie auf die Idee, sich herkunfts-
mäßig korrekt als Westfale, Niederrheiner oder gar Sauerländer zu bezeichnen. Die diversen schrulligen Eigen-
heiten der früheren Bauern und kleinen Handwerker
flossen alle mit in die Ruhrgebietsmentalität ein. Die
Ruhrpottler sehen sich heute – so paradox das klingen
mag – als heimatverbundene Großstadtmenschen, als
Dorfmenschen in der Stadt. Wenn man im Ruhrgebiet
von einem Wildfremden mit einem unvermittelten:
»Hömma, kennze den Häbbet Kozlowski?« angesprochen werden sollte, darf man sich nicht weiter wundern!
Das dörfliche Gefühl von Kleinheit und Überschaubarkeit
der Verhältnisse ist dem Ruhri nie ganz verlorengegan-
gen. Man braucht darauf nur schnell und einfach mit
einem knappen »Nee, warum auch!« zu antworten, worauf das Gegenüber das Gespräch mit einem kurzen
»Hätt' ja sein können!« beschließen wird. Ein Reviermensch würde nie behaupten, er käme aus Dortmund
oder Bochum. Die Heimat ist immer der überschaubare
Stadt*teil*, also Mengede, Stiepel oder Niederwenigern.

Der Ruhrgebietler heftet sich inzwischen das früher abschätzig gemeinte Etikett »Kohlenpott« stolz an seine Brust. Die Menschen im »Rheinisch-Westfälischen Industriegebiet« – so hat man den Namen der Region brav in der Grundschule gelernt – halten sich für die tüchtigsten Arbeitnehmer von ganz Deutschland oder gar Europa. Wer das auch nur im Ansatz bestreitet, kriegt sofort – je nach Situation – eine Bohrmaschine, ein Schweißgerät oder einen Laptop in die Hand gedrückt mit der Aufforderung: »Hömma Experte, wennße dat alles bessa weiß, dann laß ma sehen.«

Für den Außenstehenden sicher überraschend: Der Ruhri sieht sich nicht nur als heimatverbunden und als Vollprofi, sondern auch als einen ausgeprägten Kulturmenschen. Wenn, dann besucht man Theater, Konzerte oder Museen immer aus echtem Interesse und niemals, um von anderen beim Kulturkonsum gesehen zu werden. Über das Bühnengeschehen oder die ausgestellten Exponate wird ausgiebig diskutiert: Wenn der Hintern im Theater schon nach zwanzig Minuten schmerzt, war das Stück bestimmt... (bekanntes Schimpfwort); wenn der Künstler noch nicht einmal einen Pinsel geradehalten kann, muß er sich einen anderen Beruf suchen!

Man schätzt klare und deutliche Meinungen, Aufrichtigkeit rangiert vor konformem Verhalten. Die Vielfalt von Menschen, Meinungen und Macken im Revier wird toleriert, solange der einzelne den Bogen nicht überspannt.

Gerade Jugendliche fahren voll auf die verschärften Kultur- und Actionmöglichkeiten zwischen Duisburg und Dortmund ab. Morgens in Oberhausen seinen Kaffee trinken, am Vormittag in Essen einkaufen, mittags in

Bochum bei der Oma reinschauen, nachmittags in Dortmund Squash spielen und abends in Bottrop die Freundin besuchen: Das ist Urbanität, auf die der Reviermensch sich etwas einbildet. Wo übrigens in diesem großräumigen Kuddelmuddel die eine Stadt anfängt und die andere aufhört, vermag höchstens noch das versteckt angebrachte Ortseingangsschild oder der Postbote zu klären.

Wie sie von anderen gesehen werden möchten
Politiker und Werbestrategen präsentieren in ihren Prospekten den Ruhrpott schon jetzt als zukunftsorientierte High-Tech-Region mit topqualifizierten Fachkräften. Fast jede Stadt im Revier baut auf alten Zechengeländen an neuen Gewerbeparks und möchte finanzkräftige Investoren davon überzeugen, daß das deutsche Silicon Valley am Ufer der Emscher aufgezogen wird.
Angesichts steigender Arbeitslosenzahlen ist der Ruhrpottler jedoch im Grunde seines Herzens verunsichert. »Früher war die Luft zwar schlechter, aber sonst war alles besser«, meint mancher zum Strukturwandel durch Telekommunikation, High-Tech, Termingeschäfte und Tekkno. Aber das würde man dem Fremden oder Zugereisten so natürlich nicht sagen. Wer weder Mumm hat noch Hoffnung zeigt, ist kein echter Ruhrgebietler, und drum verbreitet man zunächst mal gute Laune. Der *Kommunalverband Ruhr* brachte diesen Zweckoptimismus des Reviermenschen in seinem Werbeslogan auf den Punkt: »Ein starkes Stück Deutschland!« Das klingt nach

einem dicken, saftigen Kotelett, welches man in gutge-
launter Runde an einem Samstag-Sommerabend auf den
Grill wirft. Aber nicht nur als herzhaft und gut gewürzt
möchte sich der Ruhri verstanden wissen, selbstverständlich hält er sich auch für solidarisch und außerge-
wöhnlich tolerant. Denn – so der Ruhri – Multikulturalität
(oder so ähnlich) ist ja eine Erfindung des Ruhrgebiets,
bevor überhaupt das Wort dafür erfunden wurde: »Wie
ham sich hier die Westfalen und Rheinländer, die Ost-
preußen und Polen damals zusammengerauft! Junge,
wat ham die Kumpels und Arbeiter für die Stahlbarone
und Zechenbesitzer malocht! Mensch, wat ham wir hier
nach dem Krieg wieder aufgebaut! Und immer gestreikt,
wenn ›die da oben‹ wieder mal den Bogen überspann-
ten!« In summa: Der Ruhri möchte als grundehrliche,
aber keineswegs faule Haut dastehen, die das Herz zwar
auf dem richtigen Fleck hat, es aber nicht ständig seinen
gestreßten Mitmenschen ausschütten muß. Außer natürlich man hat die »Faxen dicke« (was in etwa »Schnauze
voll« bedeutet). Dann kann der Ruhrgebietler auch anders. Nämlich ungemütlich werden.

Typisch Ruhrpott

Scheinbar widersprüchliche Eigenschaften wie Phlegma und Nervosität schließen sich im männlichen Ruhri keineswegs gegenseitig aus. Die behäbige Seite des Ruhrpottcharakters verkörpert Jürgen von Mangers Kunstfigur *Adolf Tegtmeier*, ein phlegmatischer und hinsichtlich seiner Bildung etwas unterbelichteter Gemütsmensch, der aber – über strapaziöse Umwege – doch zum Kern der Dinge vorzudringen vermag. Die andere Seite der Revierseele ist in Uwe Lykos *Herbert Knebel* zu erkennen, einem grundnervösen, kettenrauchenden Hektiker (»Boh, glaubse«), dem kein Anlaß zu schade ist, um in ausdauernde und scharfe Meckertiraden zu verfallen. Beide Eigenschaften trifft man – bisweilen sogar in ein und derselben Person – im Ruhrgebiet zuhauf; sie brauchen einander wie Pils und Korn.

Als weiblicher Archetypus – auf der Bühne kongenial von der Schauspielerin Tana Schanzara verkörpert – darf die korpulente Übermutter mit Herz gelten, die ihren dusseligen Männern ständig Bescheid sagen muß, wo's langgeht. Eine modernere, dem hektischen Zeitgeist angepaßte Variante dieser Figur ist die von Elke Heidenreich erfundene Metzgersfrau »Else Stratmann«, die sämtliche Kunden über die Wursttheke hinweg zuquasselt und kein aktuelles Ereignis unkommentiert läßt.

Bodenständigkeit

Der männliche Ruhrgebietler hängt am häuslichen Bastelkeller oder eigenen Schrebergarten (sprich: »Schrebbagaatn«). Es bedarf erheblicher weiblicher Überredungskunst, den Ruhrpottehemann von einem Urlaub fern von Emscher oder Ruhr zu überzeugen. Dieser wird – wenn überhaupt – außerhalb der Bundesligaspielzeit angetreten. Ist der Urlaubsort – zum Beispiel Mallorca oder die Riviera – ausgiebig beschnüffelt und für gut erachtet worden, gehört er quasi mit zum Ruhrgebiet. Nach dem fünfzehnten Mallorcaurlaub bedarf es ebenso kräftiger Überzeugung, den Mann noch an einen anderen Urlaubsort zu schicken. »Zu Hause iset doch am schönsten« hört man selbst von Ruhrgebietlern, die mitten in Duisburg-Rheinhausen, einer unstrittig häßlichen Gegend wohnen. Aber da die Eltern und Großeltern unter wesentlich härteren Bedingungen auch im Revier gelebt und gearbeitet haben, zuweilen sogar glücklich geworden sind, stellt man sich nicht so an. »Woanders iset auch nich bessa« heißt ein autosuggestives Mantra, das dem Ruhri schnell und häufig über die Lippen kommt. Womit er sich (»Glück ist die Abwesenheit von Unglück«) als pessimistischer Laienphilosoph Schopenhauerscher Prägung outet. Aber da ihm als praktischem und zupackendem Menschen schon der Unterschied zwischen Philosophie und Psychologie gleichermaßen schleierhaft wie einerlei ist, kümmert auch dies ihn wenig. Deftiges Essen, eine Frau, die nicht zuviel meckert, dauerhafte Männerfreundschaften und bisweilen in Langeweile umschlagende Gemütsruhe sind die erstrebenswerten Eckpfeiler seines Lebensentwurfs.

Sparsamkeit & Effektivität

Boshafte Zungen behaupten: Was dem Düsseldorfer sein Armani, ist dem Essener sein ALDI. »Der schießt sich für 'nen Pfennig durchs Knie« sagt man zu der im Ruhrgebiet verbreiteten Kniepigkeit oder Knickerigkeit. Diese Variante revierspezifischen Sparsinns sollte allerdings nicht mit dem krankhaften Geiz eines Dagobert Duck verwechselt werden. Denn gegenüber seinen Mitmenschen oder Mitkumpels erweist sich der Ruhrgebietler meist als sehr großzügig und auch in finanziellen Dingen hilfsbereit. Nur sich selber gönnt er nichts und spart an allen möglichen und unmöglichen Ecken und Enden. Hausfrauen kennen alle Supermarkt-Sonderangebote auswendig und gehen meilenweit, um bei einem anderen Discounter Tomatenmark oder Suppenwürfel ein paar Pfennige preiswerter zu bekommen. Oder der Ehegatte fährt in einen Baumarkt am entgegengesetzten Ende der Stadt, um hundertzwanzig Deckenpaneele drei Mark billiger zu kriegen. Merkwürdigerweise kommt es bei großen Geldausgaben wie Urlaub oder Auto auf tausend Mark mehr oder weniger nicht an. Im Kleinen erweist man sich als kleinlich, im Großen als großzügig.

Andere Formen von Sparsamkeit sind rationaler motiviert. Zum Beispiel die mit Worten. Alles Wichtige vermag der Reviermensch in einem knappen Hauptsatz zu formulieren. Schwafelnde oder laut philosophierende Zeitgenossen sind ihm ein Greuel. Dauerschwätzer werden schon in der Schule als Streber geoutet und müssen nach dem Abitur entweder Politiker werden oder ins Rheinland auswandern. Zeitungsartikel, Tagesordnungen oder Bedienungsanleitungen, die mehr als zwei Seiten besitzen, werden vom Ruhrgebietler als unpraktisch erkannt und ignoriert. Ob Sparsamkeit mit Material (»Hömma, warum hasse denn dat weggeworfen, dat häzze donoch brauchen können!«), Energie (»Dat häzze auch einfacher haam können!«) oder Zeit (»Seid ihr immer nonnich feddich?«): Die eigene Geschichte hat den Ruhri gelehrt, was Effektivität bedeutet, und das läßt er andere auch sehr gerne wissen.

Ehrlichkeit & Direktheit

Ein Ruhrgebietler legt großen Wert darauf, als grundehrlich angesehen zu werden. Wer niederträchtige Lügen erfindet und weitererzählt oder bereits erfundene und schon mal erzählte Lügen weiter in Umlauf bringt, ist unten durch und wird knallhart von seinen Exfreunden geschnitten. Auch auf Verläßlichkeit wird großer Wert gelegt, ein gegebenes Wort gilt. Darum hütet man sich vor Versprechungen, die man vermutlich nicht einhalten kann. Oder an die man sich noch nicht mal erinnert, wie dies dem Rheinländer ja ständig passiert. Beruflicher und finanzieller Erfolg wird mit Skepsis betrachtet; wer angibt oder zu dick aufträgt, macht sich nicht beliebt. Der eigene Geschäftssinn ist nicht allzu ausgeprägt, daher vermutet man hinter großen Karrieren und allzu dicken Autos immer krumme Geschäfte. Man selbst hat sich selbstverständlich nie etwas zuschulden kommen lassen. Ein Ruhrgebietsidol muß immer die Aura der Ehrlichkeit und Turnschuhe tragen (Marius Müller-Westernhagen, Frank Busemann). Die Scham über leicht verdientes Geld bringt den bodenständigen Ruhrgebiets-Spitzenmanager dazu, seinen S-Klasse-Mercedes beim Besuch von alten Freunden unauffällig ein paar Hinterstraßen weiter zu parken. Das Ruhrgebiet ist zwar keine Landschaft für Verlierer, aber eine gewisse Sympathie wird ihnen immer entgegengebracht. Selbst mit dem Penner auf der Straße oder dem Verrückten von nebenan hält man ab und zu ein Schwätzchen. Auch Ruhrpottler mit hoher krimineller Energie halten sich für ehrlich und zuverlässig. Die eigene Tätigkeit wird nicht als unehrenhaft angesehen, sondern als gerechte Umverteilung der Besitzverhältnisse in sozialistischem Sinne. Diese Ehrlichkeit verbindet sich mit einer kaum zu überbietenden Direktheit im persönlichen Umgang (falls denn dieser überhaupt zustande kommt). Der schnörkellose Umgangston im Revier wird von Fremden manchmal als schroff und unhöflich empfunden. Man kommt direkt zur Sache und redet nicht lange herum. Umständliche Vorworte oder Vorwände, die Nicht-Ruhris gerne vorschieben, weil sie etwas Bestimmtes erreichen wollen, werden vom Ruhrgebietler als solche sofort erkannt und der Lächerlichkeit preisgegeben (»Hömma, mach ma keine Spirenzken hia!«).

Offenheit & Toleranz

Vertrauen ist gut, aber Mißtrauen ist besser. Ruhrgebietler, die zum erstenmal die USA bereisen, sind über die Unsitte, Fremden sofort die Hand zu reichen und sich namentlich vorzustellen, erschüttert. Denn man selbst verhält sich Fremden gegenüber zunächst sehr reserviert. Auf offener Straße gegrüßt wird nur der, den man schon länger kennt und für vertrauenswürdig erachtet. Die eigene Adresse wird nur mißmutig, die Telefonnummer fast nie weitergegeben. Höflichkeitsfloskeln oder besonderer Eloquenz werden in der alltäglichen Kommunikation kein großer Wert beigemessen.

Allerdings pflegt der Ruhrgebietler zuweilen – wie andere Deutsche auch – in geselliger Runde dumme Vorurteile gegen Ausländer. In der Praxis wendet er jedoch – selbst genetischer Einwanderermischmasch – diese Vorurteile selten an und erweist sich gegenüber dem Einzelfall als äußerst aufgeschlossen und tolerant (»Weisse, mein Kollege, der Ali, der iss ja fast kein Türke mehr«). Auf den mohammedanischen Fastenmonat Ramadan wird sogar in den Schichtplänen der Stahlwerke Rücksicht genommen. Den per Mikrofon verstärkten Muezzin (Vorsänger) auf einer der siebenunddreißig Duisburger Moscheen halten die nichtmuslimischen Anwohner jedoch für gewöhnungsbedürftig. Was indes die türkischen Mitbürger wenig stört, sind sie doch in Duisburg-Hüttenheim (Einzugsbereich Mannesmann) und in Duisburg-Bruckhausen (Einzugsbereich Thyssen) schon eindeutig in der Mehrheit. Dort spricht man die vertraute Sprache, besitzt eigene Läden und Cafés und bleibt unter sich. Diese Revierghettos strafen alle Kulturarbeiter

Lügen, die anläßlich ihres monatlichen VHS-Happenings mit Bauchtanz und Döner den »Schmelztiegel« Ruhrgebiet ausrufen. Die jungen Türken der zweiten oder dritten Generation halten es da lieber mit ihren Vorbildern, den US-amerikanischen »Gangsta«-Rappern. Oder dem auf rotzfrech getrimmten Mädchentrio *Tic Tac Toe* aus Gelsenkirchen, die das Selbstverständnis der Gastarbeiterkinder in einem ihrer Songs auf den Punkt bringen: »Wir sind die Ruhrpottniggaz.«

Sturheit & Harmoniesucht

Wenn ihm irgend etwas nicht in den Kram paßt, erweist sich der Ruhrgebietler als sturer Hund. Weder gutes Zureden noch die Kraft vernünftiger Argumente kann ihn dann von seinen irrigen Ideen oder überholten Vorstellungen abbringen. Hilfsangebote anderer Menschen bei ungelösten Problemen oder in chronisch schwierigen Situationen werden kategorisch ausgeschlagen. Mit einem mißmutig geraunzten »Hömma, da werd ich alleine mit fäddich!« stürzt man sich in Zeiten persönlicher Krise in die selbstgewählte Vereinsamung. Entweder ein Mann steht eine Sache durch, oder er ist zu schwach zum Überleben. Diese John-Wayne-Weisheit wird im übrigen durchaus von Ruhrgebietsfrauen geteilt und macht den Umgang mit den Ruhris bisweilen zu einer zähen Angelegenheit.

Sollte dem Reviermenschen jedoch einmal der Geduldsfaden reißen, stellt sich schnell heraus, wie nachtragend er sein kann. Er besitzt ein wahres Elefantengedächtnis. Gegenüber dem zu Beschimpfenden macht er dann eine ganz große Kiste auf und wirft ihm alle erlittenen, aber nie ausgesprochenen Demütigungen, Kränkungen und Zumutungen an den Kopf. Wenn danach wieder Ruhe einkehrt, wird tage-, ja wochenlang nicht miteinander gesprochen. Ist der Streit zum Beispiel durch ein rituelles Besäufnis beigelegt, werden weder Konflikt noch seine Ursachen mit einem Wort mehr erwähnt.

Denn im Grunde seines ziemlich weichen Herzens ist der Ruhrgebietler harmoniesüchtig und konfliktscheu. Problemen versucht er durch verstärkte Vorsichtsmaßnahmen zu entgehen. Erstens: Immer die Ruhe bewahren und jeden Morgen das Bluthochdruckmittel nehmen! Zweitens: Der Alten (bedeutet: Ehefrau) nicht widersprechen! Drittens: Nur mit guten Kumpels sein Bier trinken.

Sich anbahnender Ärger wird geschluckt oder runtergespült. Vermehrtes Essen und Trinken taugen jedoch auch für den Ruhri auf Dauer nicht als Selbsttherapie. Das eigene psychische oder physische Unwohlsein wird so lange ignoriert, bis er umkippt und der Arzt ihm die Meinung sagen muß.

Sitten & Gebräuche im Ruhrpott

Taubenzüchten

Was in anderen urbanen Regionen der Welt als lästige Plage gilt, beschimpft, verfolgt und sogar vergiftet wird, ist dem traditionellen Ruhrpottler heilig: die Taube. Sie ist das »Rennpferd des Bergmanns«; bei den Zielflugwettkämpfen wird in nicht unerheblicher Größenordnung gewettet. Das permanent nickende und pickende Federvieh ersetzt dem meist fanatischen Brieftaubenzüchter (»Taumvatter«) Frau, Kinder und Fernsehen zusammen. Ähnlich wie der Fußball macht das gurrende und Unrat hinterlassende Vogelvieh nüchterne und ziemlich langweilige Menschen zu sentimentalen und hocherregbaren Schwadroneuren, die sich – auf ihr Thema angesprochen – stundenlang und ohne sichtbare Ermüdungserscheinungen über ihre gefiederten Lieblinge auslassen können. Körperhygiene, äußere Erscheinung und tägliche Pflichten werden zugunsten der Pflege von Tauben und Schlag vernachlässigt. Für die zarte Gesundheit der hochgezüchteten Wettkampftauben hat man – einmalig in Deutschland – sogar eine spezielle »Taubenklinik« eingerichtet; auch eine »Tauben-Olympiade« wird im Revier veranstaltet. Hat eine Frau unklugerweise solch einen Taubenfreund geheiratet, darf sie sich ohne Gewissensbisse einen Liebhaber zulegen. Auch als Scheidungsgrund wird die Degeneration von der Taubenzucht zur Taubensucht durch alle Familiengerichte im Revier anerkannt. Wegen mangelnden Nachwuchses für dieses zeitintensive Hobby wird die Brieftaubenzucht in nicht allzuferner Zukunft eine rein museale Angelegenheit sein.

Knöseln, Krösen oder Friemeln

Männliche Ruhrgebietler sind *Knösler, Kröser* oder *Friemler*. Damit bezeichnet man die Hingabe an eine feinmotorische und zeitaufwendige Bastel- oder Reparaturarbeit, die jedoch nicht immer zu einem den Aufwand rechtfertigenden Ergebnis führt. Die Vermutung liegt nahe, daß der Knösler oder Friemler eine Reparatur oft nur vortäuscht, um in Keller oder Garage vor Kindern, Frau oder lästiger Hausarbeit seine Ruhe zu finden. Eine andere Motivation ist die Freude an funktionierender Mechanik. Zunächst wird das zu reparierende Gerät geöffnet und auf seine Wirkungsweise hin analysiert, auch wenn man nicht den blassesten Schimmer von der Funktionsweise einer Kaffeemaschine oder eines Drei-Stufen-Toasters hat. In diesem Sinne dient das Knöseln oder Friemeln auch der individuellen Fortbildung, oft jedoch auf Kosten des zu reparierenden Gegenstands. Bleibt dieser funktionsuntüchtig auf der Strecke, wird er jedoch niemals weggeworfen, sondern immer sorgsam aufbewahrt, denn »dat könnte man ja noch ma gebrauchen«. Als Folge dieses verbreiteten Brauchtums stehen die meisten Garagen und Dachböden im Revier voller Dosen, Schachteln und Marmeladengläser, in denen Schrauben und Geräteteile nach undurchsichtigen Kriterien geordnet sind. Die vom Familienvorstand meist vorgebrachte Entschuldigung, das Krösen oder Friemeln würde die Haushaltskasse entlasten, wird von der Ehefrau und den Kindern schnell durchschaut und als das Gegenteil entlarvt. Zu oft muß nämlich nach einer mißlungenen Reparatur der teure Fachmann bemüht werden, der nur durch grundsätzliche Erneuerung die katastrophalen Ergebnisse männlicher Bastelwut beheben kann.

Zur Nervensäge oder öffentlichen Gefährdung mutiert der ruhrgebietliche Heimwerker, wenn er in fremden Wohnungen oder öffentlichen Gebäuden spontan zu reparieren, renovieren oder tapezieren beginnt. Denn auch hier ist der Wille größer als der Sachverstand. Hinweisen auf etwaige Grenzen seiner Befugnis wird der renoviersüchtige Ruhri mit einem »Wie konnze dat denn so verkommen lassen!« begegnen. Baumärkte sind Stützpunkt und zweites Zuhause. Fachtermini wie »Acryl-Latex-Dispersionsfarbe« oder »Formaldehydfreier Zementschleierentferner« gehen selbst Ruhrgebietlern ohne Abitur locker über die Lippe.

Zock- & Wettsucht

Die ausgeprägte Wett- und Zocklust des Reviermenschen ist die Kehrseite von zuviel Sparen und Sich-zu-wenig-

Gönnen. Einstiegsdroge ist das Geldsetzen auf die eigenen Tauben oder der vermeintlich harmlose Skat. Haben psychisch labile Ruhrgebietler jedoch die Grenzen des Pfennigskats einmal überschritten, gibt es kein Halten mehr auf dem Weg des vorprogrammierten sozialen Abstiegs. Man verspielt sein Geld in den auffallend zahlreichen Spielotheken oder an den Automaten in der Eckkneipe. Andere, die den Kick besonderer Atmosphäre beim Geldverlieren nicht missen möchten, verprassen ihr Geld in Deutschlands größter Spielbank, der *Hohensyburg*. Neben Roulette, Black Jack und Baccara wird die »Dummensteuer« dort an zahlreichen einarmigen Banditen erhoben. Besonders große Zocker scheinen die Gelsenkirchener zu sein: Eine Galopprennbahn, eine Trabrennbahn sowie eine der wenigen international zugelassenen Windhundrennbahnen bieten dem Ruhri genügend Chancen, sein Erspartes auf einen vierbeinigen Verlierer zu setzen.

Ruhrpott-Institutionen

Die Trinkhalle

Die Trinkhalle (auch Klümpkesbude oder nur Bude genannt) erspart dem männlichen Ruhrgebietler den Psychotherapeuten oder die Gesprächsgruppe. Die oft weibliche Trinkhallenbesitzerin hat Geduld und Ohren für alle Nöte, Sorgen, Beschwerden und politischen Meinungen ihrer Kunden. Das Bier wird im Stehen getrunken, dazu werden Frikadellen, belegte Brötchen, Soleier oder Rollmops gereicht. Darüber hinaus können fast alle Dinge des täglichen Bedarfs gekauft werden: Sprudel und Bier, Tabak oder Zigaretten, Brötchen und Milch, Zeitungen und Süßes. Ruhrgebietskinder machen es sich zum Hobby, für möglichst wenig Geld – zum Beispiel siebenunddreißig Pfennig – die Trinkhallenbedienung möglichst lang zu beschäftigen: »Ich hätte gerne noch drei von den Brausebonbons für zwei Pfennig, und noch eine, nein, zwei Colafläschchen« und so weiter. Ganz wichtig sind die Tüten mit Sammelbildern, besonders vor Olympischen Spielen und Fußball-Weltmeisterschaften. Wer bis drei Wochen vor Olympia noch kein Bild von Frank Busemann in seinem Sammelalbum kleben hat, steht ganz schlecht da. Die langen Öffnungszeiten der Trinkhallen – früher für Schichtarbeiter gedacht – sind nach der halbherzigen Reform der Ladenöffnungszeiten für alle Bewohner eines Viertels weiterhin von besonderer Attraktivität.

Der SPD-Ortsverein

Neben Taubenleidenschaft und Fußballbegeisterung war früher stramme sozialdemokratische Haltung das wichtigste Merkmal eines Ruhrpottlers. Das starke gewerkschaftliche Engagement der Stahl- und Kohlekumpels machte das Revier zur SPD-Bastion, proletarisches Klassenbewußtsein prägte Kultur und Alltag des Reviers. Heute ist der SPD-Ortsverein weniger eine politische denn eine nostalgische Angelegenheit – eine Einrichtung zur Pflege des »Underdog«-Bewußtseins. Hier werden die Klischees vom ausgebeuteten und unterdrückten Kumpel oder Stahlkocher gehegt und gehätschelt. »Wir hier unten müssen denen da oben mal die Meinung sagen«, heißt es stereotyp aus dem Munde von alten Genossen, die im verstaubten Büro des Ortsvereins das Sofa plattsitzen. Wobei es ziemlich unklar ist, wer denn mit »denen da oben« überhaupt gemeint ist. Denn die »Toscana-Fraktion« an der Spitze der Partei – eine undurchschaubare Ansammlung von weintrinkenden Karrieristen – ist fast noch unbeliebter als der politische Erzgegner auf der schwarzen Seite. Selbst NRW-»Landesvater« Johannes Rau gilt den Genossen an der Basis als »Barmer Ersatzkanzler«. Je nostalgischer man im Vergangenen schwelgt, desto abwegiger werden Argumentation und Realitätssinn. »Lieber ein reiner Korn als ein Rainer Barzel« heißt es in Erinnerung an bessere Willy-Brandt-Zeiten. Da war ein Arbeiter noch gut, ein Kapitalist noch böse und der Apfelkorn viel preiswerter. Der Nachwuchs bleibt diesen politischen Altbiotopen aus naheliegenden Gründen fern, die Jungen wählen Grün oder die Loveparade.

Amateurfußball

Der einzig wahre Fußball findet Sonntag morgens auf den roten Aschenplätzen des Reviers statt. In den zahllosen Begegnungen der Regional- und Kreisklassen herrscht noch die alte, vom Gedanken an schnöden Mammon ungetrübte Lust an Spiel und Teamgeist. Statt rauflustiger Jugendlicher beherrschen Zigarre rauchende Opas die Stehplätze. Anstelle von Profimasseuren oder Teamärzten gibt es höchstens mal eine Tetanusspritze vom gerade anwesenden Hausarzt in den Hintern. Die fehlende Quantität an Zuschauern wird durch Qualität wettgemacht: Die Flüche, Sprüche und Kommentare der kritischen Senioren und Exfußballer zeugen von langer Erfahrung und tiefer Einsicht in das Wesen des Spiels mit dem runden Leder. Auch um die Integration von frisch eingewanderten Ruhris ist man bemüht – neben zahllosen türkischen Fußballvereinen existiert in Essen sogar eine schwarzafrikanische Mannschaft namens »African United«.

Profifußball

Schalke 04 oder *Borussia Dortmund* sind keine Vereine, sondern religiöse Gemeinschaften. Ähnlich wie bei letzteren versäumen es viele Eltern nicht, kurz nach der Geburt eines neuen Ruhrpottlers den Vereinsausweis zu beantragen. Zwischen Blau-Weiß (Schalke) und Schwarz-Gelb (Dortmund) findet zweimal in der Saison ein Konfessionskampf statt. Dieses auch »Ruhr-Derby« genannte Ereignis wird das eine Mal im imposanten Gelsenkirchener Parkstadion, das andere Mal im Westfalenstadion zu Dortmund ausgetragen. Als Vorbereitung auf diese Hochämter werden im heimischen Vorgarten zum Beispiel die Fahnen des Lieblingsvereins ausgerollt und geküßt. Andere Fans haben kleine Altäre eingerichtet mit Foto, Ball und handsigniertem Originalshirt ihres persönlichen Fußballgottes. Überhaupt richtet sich das Leben eines ordentlichen Revierfans rund ums Leder ein: Schon als Kind wird man vom Vater ins Stadion mitgenommen, denn »Mein Vatta wurde auch schon von seim Vatta zum Spiel mitgenommen«. Ehen werden »auf Schalke« oder bei Borussia angebahnt und geschlossen; eine Dauerkarte für die Stadionkurve ist das angemessene Hochzeitsgeschenk. Ist die Dauerkarte wegen Ablebens ungültig geworden, lassen sich die Fans mit der Vereinshymne beerdigen. Eine Beerdigung unter dem grünen Stadionrasen – im Ursprungsland des Fußballs schon gang und gäbe – steht zur Finanzierung der immer höher werdenden Spielergagen inzwischen auch zur Debatte. Daß hier junge und arrogante Sportmillionäre vielen Langzeitarbeitslosen auch noch das letzte Geld aus der Tasche ziehen, wird zugunsten des gemeinschaft-

lichen Kicks verdrängt. Echte Treue geht durchs Porte-
monnaie: Die »kleinen Leute«, die Geldbriefe alter Damen und Sparschweine kleiner Jungs trugen 1987 maß-
geblich zur Rettung von Schalke vor dem drohenden
Konkurs bei. Nicht der ansonsten klare Verstand, sondern das latent sentimentale Herz des Ruhris bricht beim
Fußball durch, hartgesottene Kerle werden zu Weich-
eiern, das Treten auf genähtes Leder berührt die Seele.
Die ganze Woche wird dem Spiel entgegengefiebert,
ganz Hartnäckige schauen sogar beim Training zu. Verliert die Mannschaft wider alle Erwartungen, hat man
sicher bei seinen Fanritualen irgendein wichtiges Detail
vergessen. In der Fußballsaison 97/98 waren von den
achtzehn Vereinen der Bundesliga allein vier im Revier
beheimatet, neben den beiden genannten Spitzenver-
einen der MSV Duisburg und Vfl Bochum. Aber auch
Wattenscheid 09 oder Rot-Weiß Essen sind Traditions-
vereine, zu denen die älteren Ruhrgebietler eine starke
emotionale Bindung haben. Die jüngeren eine eher kom-
merzielle. Diese manifestiert sich im massenhaften Kauf
von Fanartikeln in den entsprechenden Fanshops: Borus-
sia-Senf, Schalke-After-shave und Wattenscheid-Bikinis.
　　Als die erste weibliche TV-Sportmoderatorin Carmen
Thomas in den siebziger Jahren versehentlich Schalke 04
mit »Schalke 05« betitelte, versagte das telefonische
und postalische System im Ruhrgebiet. Die Beschwerden
der männlichen Fußballfanatiker waren so zahlreich, daß
die junge Reporterin fürderhin nie mehr Sportsendungen
moderieren durfte und im vormittäglichen Hausfrauen-
funk um Asyl bitten mußte (»Urin – ein ganz besonderer
Saft«).

Die Ruhrpottler und ihre Familie

Nicht nur der hohe Absatz von Handys und Fünf-Minuten-Terrinen, auch die gewaltige Anzahl von Schnellrestaurants und Jazztanzschulen ist ein sicheres Indiz für die zunehmende Beherrschung der Ruhrgebietsinnenstädte durch gutaussehende, dynamische und neurotische Singles: In den Stadtkernen von Essen und Dortmund werden schon über 60 % der Haushalte von Singles geführt beziehungsweise vernachlässigt. Auch andere, nicht familial organisierte Haushaltstypen (zum Beispiel zwei Freundinnen und ein Handwerker oder drei Männer und ein Baby) nehmen zu. Der Drang nach immer neuen Freizeitkicks und ultimativer Selbstentfaltung läßt den sportlichen und esoterischen Dienstleistungssektor boomen. Es gibt kaum noch etwas, was nicht an einem beliebigen Wochenende (bitte Handtuch und bequeme Schuhe mitbringen!) für 280 Mark aufwärts angeboten würde: afrogermanisches Trommeln, Wikinger-Lager für gestreßte Manager, Einführung in die Reinkarnation (»Ich war ein verschütteter Kohlekumpel«). Bis zur vollständigen Übernahme des Reviers durch Singles ist die gewöhnliche Familie jedoch immer noch der Hort ruhrgebietstypischer Verhaltensweisen.

Erstbegegnungskontakt

»Auf jeden Pott passt en Deckel« hieß die traditionelle Devise, nach der in vergangenen Zeiten Ruhrgebietsehen von der Mutter angebahnt wurden. Wenn die Tochter kochen konnte, wurde der Schwiegersohn in spe eingeladen und verköstigt. Ruhrgebietsmädchen oder -frauen, die heutzutage – frei von jeder mütterlichen Bervormundung – nach einem männlichen Gegenstück Ausschau halten, müssen entweder in die Offensive oder ins Rheinland gehen. Denn von sich aus kommt die Mehrzahl der männlichen Ruhrgebietler weder auf die Idee, eine Frau zum näheren Kennenlernen in ein elegantes Lokal einzuladen, noch ihr auf originelle Weise Komplimente oder gar Liebesgeständnisse zu machen. Gutgemeinte Winke mit Zaunpfählen (»Sachma, hasse eigentlich schonne Freundin?«) werden als aufdringlich und beinahe ordinär empfonden. Die klassische Methode, einen Ruhrgebietsmann aufzutauen, ist der Umweg über eine vorgetäuschte fachliche Inkompetenz. »Du, ich hab hier Probleme mit meinem Fahrrad!« oder »Kannze mir ma zeigen, wie dieses Computerprogramm funktioniert?« sind im Ruhrgebiet die statistisch häufigsten verbalen Initiationen eines künftigen Ehebündnisses. Anschließend verabredet man sich unter nützlichem Vorwand und hofft insgeheim darauf, daß im Verlaufe des abendlichen Computer-Programm-Erklärens, Video-Recorder-Programmierens oder Pizza-Backens der Strom ausfällt.

Ehe & Matriarchat

Der traditionelle Reviermensch führt eine Ehe, die eher aus praktischen denn erotischen Erwägungen geschlossen wurde. Verliebtsein wird als voreheliche Verirrung diagnostiziert. Erst das Bedürfnis nach finanzieller Geborgenheit und innenarchitektonischer Betätigung gilt als ernst zu nehmende Heiratsmotivation. Schwangerschaften werden nicht als störend empfunden. Besitzt der Zukünftige/die Zukünftige eine gesicherte Arbeitsstelle und die Frau/der Mann einen Stapel Kochbücher, geht alles seinen Gang. In die Hochzeit investieren die Ruhrgebietler ein kleines Vermögen, darum kommt beim Feiern kein Vergnügen auf. Evangelisch-katholische Mischehen sind nicht unüblich; Pfarrer und frömmelnde Verwandte verwenden viel Energie, um das zur Geburt anstehende Kind im einzig richtigen Glauben taufen zu lassen. Der Ehealltag verläuft in klaren Bahnen, die auf Konfliktvermeidung abzielen. Wer morgens als erster aufs Klo darf, wer den Klarspüler in die Geschirrspülmaschine nachfüllt, wer die Kontrolle über die abendliche Fernbedienung besitzt, alles wird geregelt. Beliebt sind kleine Täfelchen, auf denen mit farbiger Kreide verschiedene Pflichtbereiche der Ehegatten festgelegt werden. Zur Absicherung wird ein Ehevertrag geschlossen. Mit dem Schwiegervater unterhält man sich über Fußball, über die Kochrezepte der Schwiegermutter wird nicht gemeckert.

Aus gutem Grund wird nach einer kurzen Phase der Kosenamenverwirrung (»Schatzi«, »Schnuckel« etc.) die Ehefrau im Ruhrgebiet normalerweise von ihrem Ehegatten respektvoll mit »Mutter« (oder despektierlich mit

»Alte«) angeredet – manchmal sogar in kinderlosen Beziehungen! Denn noch mehr als ihre Kinder muß die Ruhrgebietsehefrau ihren Mann von Grund auf erziehen: Auf sich allein gestellt wäre ein Großteil der männlichen Ruhrgebietler nicht lebensfähig. Die meisten können weder einen Öko-Feinwaschgang dosieren noch das Kleingedruckte in einer heimtückischen Versicherungspolice verstehen. Außerdem würden sie windigen Händlern an der Haustür ohne weiteres etwas abkaufen! Ohne eindeutige weibliche Direktiven verfallen Reviermänner der Trunk-, Spiel- oder Fernsehsucht. Darum dürfen letztere in der Ehe zwar vorschlagen, was sie wollen, Entscheidungskompetenz aber besitzt allein die Ehefrau. Viele Männer begrüßen dies, nimmt es ihnen ja das ohnehin schwierige Nachdenken und das Fällen von Entscheidungen ab. Ähnliches gilt für den Haushalt: Männliche Ruhrgebietler haben eine starke Sehschwäche, was Unordnung, Dreck und Staub betrifft (Ausnahme: das eigene Automobil). Ganz im Gegensatz zu ihren manisch putzenden, räumenden und abstaubenden Gattinnen, denen weder der Sonntag noch der Muttertag zu heilig ist, um den Mop zu schwingen oder dem Sofakissen einen Handkantenschlag zu verpassen. In weiser Voraussicht vermeiden gestandene Familienväter jegliche Einmischung in hauswirtschaftliche Belange. Gnade den uneinsichtigen Ruhrpottmännern, die sich auflehnen oder glauben, sie wüßten im Praktischen etwas besser als ihre Gattin! Viele kleinbürgerliche Ruhrgebietspaschas ähneln in dieser Hinsicht auffällig dem Ekel *Alfred Tetzlaff* aus der bekannten Fernsehserie: große Klappe und nichts dahinter.

Kinder

Kinder werden nicht erzogen, sondern wachsen mit auf. Durch diese Art von Toleranz entstehen Freiräume, die von den Kindern schamlos ausgenützt werden, was zwangsläufig fast jeden Abend zu Drohgebärden führt: »Gleich krisse den Arsch voll!« oder »Du kriss wat zu höan, wenn der Papa (beziehungsweise die Mama) na Hause kommt!« raunzen die in Erziehungsfragen überforderten Mütter oder Väter. Die angekündigten Sanktionen werden vom übermüdeten Ehegatten selten in die Tat umgesetzt (»Hömma, kümma du dich um die Blagen, ich bring hia dat Geld nach Hause«). Totaler Autoritätsverlust beider Eltern ist die Folge. Die im nachhinein gekauften Bücher zum Thema Kindererziehung machen alles nur noch schlimmer.

Die Überforderung der Eltern zieht oftmals drakonische Erziehungsmaßnahmen durch die Großeltern nach sich. Diese überschütten die Kinder mit Süßigkeiten, bringen ihnen grammatikalisch falsches Deutsch bei und kaufen pädagogisch sehr bedenkliches Plastikspielzeug.

Die Kinder ihrerseits reden die Großeltern mit dem Ortsteil an, in dem sie wohnen: Oma Bommern und Opa Bommern wohnen in Witten-Bommern und Oma Borbeck wohnt in Essen-Borbeck. Opa Borbeck ist schon länger tot.

Kleidung & Kosmetik

Kaum zu leugnen: Es gibt – auch in Deutschland – Orte, wo die Menschen modebewußter sind als in Bottrop oder Bochum. Das ist um so merkwürdiger, als ja in Gelsenkirchen, Recklinghausen oder Wattenscheid Prêt-à-porter in großen Mengen hergestellt wird. Aber vermutlich nur für den Export in andere Bundesländer, denn topmodische Kleidung gehört nicht zu den ruhrgebietseigenen Grundbedürfnissen. Wichtig sind Bequemlichkeit, Praktikabilität und Haltbarkeit, vor allem in den eigenen vier Wänden. Von alten Kleidungsstücken trennt man(n) sich besonders ungern. Versuche, längst aufgetragene Cordhosen oder verschlissene Lieblingspullover heimlich in den Altkleidersack zu stecken, scheitern und bringen die Männer noch mehr gegen den Kauf eines neuen Kleidungsstücks auf. Vergeblich zeigen Revierfrauen ihren Gatten anhand von Versandhauskatalogen, wie hübsch Männer bei entsprechender Ausstaffierung sein können. Aber das Mondäne nach Bottrop bringen zu wollen ist genauso hoffnungslos, wie in Düsseldorf nach Kohle zu graben. Richtig fein (das heißt so, wie man es vor etwa fünfzehn Jahren für schick hielt) macht man sich höchstens für »Omma ihr Geburtstag« oder für die Konfirmation des Neffen. Zur Arbeit trägt man Arbeitskleidung, in der Freizeit den obligatorischen Trainingsanzug aus Ballonseide, am Abend ein frisches Hemd, das muß reichen. Modegecken hält man entweder für Rheinländer oder für schwul.

Empfindlich reagiert der männliche Ruhri, möchte frau ihn zu einem Toupet oder Schlimmerem überreden. Man steht zu seinem alters- oder streßbedingten Aussehen und stellt folgende Überlegung an: Eine Schönheitsoperation kostet soviel wie viermal Mallorca, also lieber viermal Mallorca! Enthaarungscremes, Gesichtsmasken oder

Parfüms gehören eindeutig zur weiblichen Domäne; eine Zahnbürste, der alte Elektrorasierer und das zu jedem Weihnachtsfest wieder neu geschenkte After-shave reichen dem Mann als hygienische Ausstattung.

Wohnkultur & Ordnungssinn

Stilbildend wirkt im Ruhrgebiet der sprichwörtliche *Gelsenkirchener Barock*. Darunter versteht man viel zu viele, auf rustikal getrimmte Eichenmöbel in viel zu kleinen Räumen. In Kombination mit hochmoderner Hifi-Anlage, Fernseher, knallbuntem Ölbild und einem völlig überdimensionierten Hochzeitsfoto wirkt das Ensemble auf unvorbereitete Besucher wie die Exponaten-Abstellkammer vor einer Zwangsversteigerung. Trotzdem erfüllt der fälschlicherweise Wohnzimmer genannte Hauptraum des Habitats alle Bewohner mit unbändigem Stolz. Er ist immer aufgeräumt und wird kaum benutzt. Man hält sich lieber in der Küche auf. Wenn nicht gekocht oder gegessen wird, studiert man hier die Anzeigenblättchen der Supermärkte oder versucht, den Kindern bei den Hausaufgaben zu helfen. Das Kinderzimmer hat die wenigsten, die Garage die meisten Quadratmeter. Als Kompensation hat jedes Kind seinen eigenen Fernseher. Im elterlichen Schlafzimmer steht der Dritt- oder Viertfernseher, dessen Fernbedienungsgewalt man gnädigerweise in Mutters Hände gegeben hat.

Grundsätzliche Differenzen bestehen zwischen den Ehegatten über die Definition des Begriffes »Ordnung«. Die liegengelassenen Socken oder Unterhosen treiben die Ehefrau ebenso zur Weißglut wie den Gatten die weibliche Angewohnheit, in Dosen, auf denen »Reis« steht, Nudeln aufzubewahren oder das Muskat in eine leere Pfefferdose zu füllen. Wichtig für Besucher: Im Badezimmer steht meist auf dem Spülkasten eine Puppe, unter derem selbstgehäkelten Reifrock eine Ersatzklopapierrolle aufbewahrt wird.

Gesundheit

Vorsorge ist ein Fremdwort für männliche Ruhrgebietler. Weder der jährliche Blick aufs entzündete Zahnfleisch noch der regelmäßige Check-up des Hausarztes wird als sinnvoll empfunden. Gemeinsame Gymnastik im Büro oder gruppendynamisches Yoga zur Erhaltung der Arbeitskraft ist im Ruhrgebiet sowieso nicht durchsetzbar. Der Reviermann ist der durchweg materialistischen Auffassung, sein Körper sei eine Maschine, die gefälligst zu funktionieren habe, solange man nur genügend Kraftstoff (Pommes, Frikadellen und Bier) in sie hineinstopft und -schüttet. Bei starkem Unwohlsein werden zunächst der Fernseher eingeschaltet und zwei eiskalte Flaschen Pils auf Ex geleert. Bei anhaltendem physischen Unbehagen greift der Ruhri zu einer gezielten Überdosis Aspirin. Die aus dieser Therapiekombination resultierenden Magenschmerzen lenken ihn so lang von seinen ursprünglichen Beschwerden ab, bis die zwanghafte Entleerung des Mageninhaltes oder ein kleiner Kreislaufkollaps die anderen Familienmitglieder stutzig und besorgt macht. Zur endlich als notwendig erachteten Reparatur

vertraut man sich ausnahmslos dem klassischen Schul-
mediziner an. Bei häufigeren Beschwerden wird nicht
der Lebenswandel, sondern der Arzt gewechselt. Alter-
native Heilmethoden wie Akupunktur, Kristallauflegen
oder Beten werden – zumal von der Ehefrau empfohlen –
als Humbug eingestuft. Ruhrgebietsfrauen haben übrigens kaum Zeit, krank zu sein, weil sie sich um alles –
speziell aber kranke Männer – kümmern müssen. Treten
auch bei ihnen selbst Anzeichen von Erkrankung auf, ru-
fen sie ihre Freundinnen an, vergleichen Symptome und
tauschen sich über etwaige Behandlungsmethoden aus.

Pensionierte Ruhrpottler
Der pensionierte Ruhrgebietler weigert sich standhaft,
schnell und ohne Umstände das Zeitliche zu segnen.
Denn die Früchte eines harten und arbeitsreichen Lebens
gilt es jetzt zu genießen. Voller Grimm verschleudert er
das Geld, mit dem vorher geknausert wurde. Ohne Sinn
und Verstand werden Flachbildfernseher, Faxgeräte oder
sechstürige Autos gekauft, für deren Bedienung man die
Enkel anrufen muß. Den heimlichen Lastern von früher
wird plötzlich öffentlich und hemmungslos gefrönt.
   Gute Ratschläge von Kindern, Enkeln, Ärzten und Bekannten ignoriert der Ruhr-Senior hartnäckig: Statt aus-
getüftelte Zeitpläne zur Tabletteneinnahme zu befolgen,
schüttet er alle Medikamente auf einmal mit tiefschwar-
zem Kaffee herunter und kommentiert dies mit einem
»Der Körper nimmt sich, watter braucht«. Bis alles zu
spät ist.

Die Ruhrpottler »auffe Arbeit«

Lange Zeit konnten sich die Ruhrpottler nicht von ihrer historisch bedingten Fixierung auf Kohle und Stahl lösen. Die Einführung des »Kohlepfennigs«, einer Absatzgarantie für die viel zu teure heimische Kohle, brachte dem Bergbau gar einen neuen Ausbildungs- und Einstellungsschub, der ohne Subventionen ausgeblieben wäre. Regelmäßige Proteste von Belegschaften und Betriebsräten gegen Subventionskürzungen und Arbeitsplatzabbau bestimmten in den siebziger und achtziger Jahren das Medienbild vom Kohlenpott. Inzwischen ist es an den Fronten ruhiger geworden, Sozialpläne und »Verschlankung der Produktion« haben die Bedeutung von Kohle und Stahl schrumpfen lassen. Der vielbeschworene Strukturwandel macht sich nach Meinung von Politikern und gutgelaunten Wirtschaftsprognostikern nun auch zwischen Ruhr und Emscher breit, doch bleiben – ähnlich wie in den neuen Bundesländern – viele auf der Strecke, deren »Tätigkeitsprofil« nicht in die Vision einer sauberen High-Tech- und Dienstleistungszukunft paßt.

Arbeitswut

Auf seinen zwanghaften Arbeitswillen ist der Reviermensch immer noch unbändig stolz. Ruhrgebietler be-
urteilen sich untereinander zuerst nach ihrer Leistung,
dann nach Charakter, zuletzt nach Herkunft oder Be-
sitzständen – oder behaupten dies zumindest. Jeder
versucht nach Möglichkeit, sein Soll überzuerfüllen, um
diejenigen, die weniger gearbeitet haben, heimlich zu
beschämen. Es gibt überstundenbesessene Malocher,
die in zwei Schichten arbeiten: einmal »im Betrieb« und
einmal im privaten Heimkeller oder schwarz beim Nachbarn. Bei der einen Arbeit erholt sich der Ruhrgebiets-
Workaholic von der anderen, auf die Familie wird wenig
Rücksicht genommen. An Wochenenden, freien Tagen
oder im Urlaub weiß der Ruhrpottler nichts mit sich an-
zufangen und läßt alle Mitmenschen gerne an seiner
muffeligen Laune teilhaben.

Kollegen & Vorgesetzte

Das Solidaritätsgefühl des Ruhrgebietlers äußert sich in
starkem Verantwortungsbewußtsein für den eigenen Betrieb und die Arbeitskollegen. Das Arbeitsklima ist rauh,
aber herzlich. Wer als Neuling keinen ordentlichen Ein-
stand (zum Beispiel Mettwurstbrötchen und ein Fäßchen
Bier) gibt, hat es später schwer. Mit der Solidarität verbindet sich das Gefühl der Unentbehrlichkeit: »Ohne
mich läuft doch der Laden hier überhaupt nicht«, denkt
sich selbst der rangniedrigste Arbeiter oder Angestellte.
Ein *Kollege* oder *Kumpel* kann im Laufe von vielen Jahren

sogar zum *Freund* werden, ein Attribut, mit dem man im Revier extrem sparsam umgeht. Was genau »auffe Arbeit« passiert, hüllt der männliche Malocher im Kreis seiner Familie in nebulöse und wichtigtuerische Bemerkungen; manche Frauen sind auch nach dreißig Jahren Ehe nicht in der Lage, die Tätigkeit ihres Gatten näher zu beschreiben.

Genauso stark wie die Bereitschaft, sich für den Betrieb aufzureiben, ist die erstaunliche Spontaneität, mit der man zuweilen die Arbeit niederlegt. Allerdings nur, wenn es beim Streiken um kollektive Belange geht, welche die eigenen mit einschließen.

Anläßlich von Fusionierungen oder »freundlichen« Firmenübernahmen lernen viele Arbeitnehmer im Revier die eigenen Vorstandsmitglieder kennen: aus dem Fernsehen. Vorstandsmitglieder sind perfekt gestylte Herren mit graumelierten oder gefärbten Haaren, die in perfektem Busineß-Englisch »Just-in-time«, »Total Quality Management« und »Corporate Identity« sagen können. Wenn Probleme auftauchen, wird niemals eine Entscheidung getroffen, sondern eine Unternehmensberatung engagiert, die über Monate hinweg den laufenden Betrieb stört und am Ende ein sündhaft teures Gutachten erstellt, in dem genau das steht, was einem der Arbeiter an der Werkbank auch für weniger Geld hätte sagen können. So selten es sich bei Vorstandsmitgliedern um echte Ruhrgebietler handelt, so häufig sind die Betriebsräte welche. Ihr breites Ruhrpottdeutsch, in dem sie Versäumnisse der Firmenführung und Forderungen der Gewerkschaft ins Megaphon brüllen, macht sie beim Arbeiter oder kleinen Angestellten zu Vertrauenspersonen.

Zeche & Stahlwerk

Die Zeche (»der Pütt«) ist mehr als nur ein Arbeitsplatz. Sie ist gefährlicher und mythischer Ort der Mannwerdung und Bewährung. Nur richtige Männer fahren »unter Tage«, Weicheier und Frauen haben dort nichts verloren. Die unter Einsatz von Leben und Gesundheit geleistete Arbeit der Kohlekumpels schuf im Revier eine besondere Kultur von Kameradschaft und Verantwortungsbewußtsein. Jede Schulklasse im Revier wird deshalb durch das Bochumer Bergbaumuseum oder das Ruhrlandmuseum in Essen geschleift, um Respekt vor den malochenden Altvorderen zu bekommen. Doch Knappenuniformen oder Grubenlampen – museale Überbleibsel einer fast ausgestorbenen Arbeitswelt – vermögen die Kids kaum noch zu beeindrucken; mehr als der ein oder andere Kaugummi bleibt bei diesen Pflichtbesuchen nicht haften.

Wer anderen einen Stollen gräbt, fällt übrigens selbst hinein: Wegen Bodenabsenkungen werden immer noch viele Gebäude im Kohlenpott abgerissen. Ein extremer Fall ist die Gelsenkirchener Innenstadt, die im Verlauf der Jahrzehnte um insgesamt mehr als zehn Meter absank.

Nach dem Zechensterben sind vor allem den Stahlwerken beeindruckende Skylines zu verdanken. Die Stahlkocher schaffen beim Entschlacken faszinierende Illuminationen, über deren touristisches Potential (»Das Land der tausend Feuer«) bis heute viel zuwenig nachgedacht wurde. Die landläufige Vorstellung von muskulösen Hünen, die mit freiem Oberkörper den glühenden Stahl formen, ist Vergangenheit oder erotisch gefärbtes Wunschdenken. Automatisierung und Sicherheitsvorschriften bestimmen wie in anderen Industrien auch hier das Bild. Die Kommunikation beschränkt sich auf knappe Anweisungen, die über Funk oder Gegensprechanlage aus separaten Kabinen zugebrüllt werden. Daß Arbeiter, die in der heißen Zone am Hochofen tätig sind, über kurz oder lang impotent werden, ist dummes Gerede von Studenten, die sich vor harter und ehrlicher Arbeit drücken.

Handel zu Lande & zu Wasser

Das Ruhrgebiet ist ein Paradies für Paketzulieferer und Fertigmöbellieferanten: Keine andere Region Deutschlands ist so gründlich asphaltiert oder mit Schienen versehen worden. Sowohl die Versorgung des Reviers selbst als auch die gewaltigen Exportkapazitäten haben aus Bauern und Handwerkern gewitzte und ständig expandierende Händler gemacht. Nur die Stadt Mülheim zum Beispiel beherbergt Zentralen oder Dependancen von ALDI, Plus, Tengelmann, Metro und Kaufhof. Schon 1845 besaß der Mülheimer Mathias Stinnes die größte deutsche Handelsflotte!

Die starke Affinität der Ruhrgebietler zur Schiffahrt mag für Auswärtige verblüffend sein, aber die Fakten sprechen für sich: Das Fluß-, Kanal- und Hafennetz des Ruhrgebiets ist das dichteste der Welt; der größte Binnenhafen der Welt befindet sich in Duisburg; der größte Kanalhafen der Welt in Dortmund. Nicht umsonst gilt Adolf Tegtmeiers Schiffermütze immer noch als ein Markenzeichen des Reviers.

Dem ausgeprägten Handelssinn steht im strukturgewandelten Ruhrgebiet ein ebenso kräftiger Wille nach Verbrauch und Konsum gegenüber. Lange Zeit war das *Rhein-Ruhr-Zentrum* zwischen Essen und Mülheim der größte deutsche Konsumtempel, bis er 1996 durch das Oberhausener *CentrO*, eine gigantische Verkaufs- und Erlebnisstadt aus der Retorte, Konkurrenz bekam. Täglich stürzen sich siebzigtausend Menschen in das neue Zentrum von Oberhausen, an Wochenenden doppelt so viele. Bei den frustrierten Lehrern der Stadt heißt es pauschal: »Willst du deine Schüler sehen, mußt du heut ins CentrO gehen.« Wer als auswärtiger Autofahrer die neue, auf dem Gelände der *Gutehoffnunghütte* entstandene Attraktion von »Superhausen« besuchen möchte, muß höllisch aufpassen: Findet er sich plötzlich in der alten Innenstadt von Oberhausen wieder, wo Ladenlokale leer stehen oder nur noch Ramsch (»Rudis Resterampe«) verkauft wird, hat er die Ausfahrt »Zentrum« statt »CentrO« genommen.

Die Ruhrpottler in der Freizeit

Besucher, die zum ersten Mal das heutige Revier besuchen, sind verblüfft. Keines ihrer hartnäckigen Vorurteile über verschmutzte Luft und verbrannte Erde scheint sich zu bestätigen. Kaum eine städtisch geprägte Landschaft in Deutschland bietet heute soviel Freizeitmöglichkeiten und abwechslungsreiches Grün wie das Ruhrgebiet. Der Ruhrgebietler indes ist und bleibt eine Großstadtpflanze. Die Natur liebt er heiß und innig – aber nur in kultivierter und gebändigter Form: Gärten, Parks oder andere Grünanlagen werden häufig frequentiert. Stinknormale Kühe und Hausschweine kennen Kinder allerdings nur aus der Fernsehwerbung, denn im Duisburger Zoo (»Nich am Bär packen!«) werden merkwürdigerweise keine gehalten. Unverfälschte Natur wie zum Beispiel in Kanada oder auf Island verträgt der Ruhrgebietler nicht. Selbst Freunde von ökologischen Gärten müssen mit Beschwerden von Gartennachbarn rechnen, die ihre Rasenkante akkurat mit der Nagelschere stutzen. Mußten die Ruhrgebietler früher ihre Klappstühle noch an häßlichen Kanälen aufstellen, wird heute auf dem »Lago Baldino« – dem Baldeneysee – oder auf anderen Ruhrstauseen gesurft und Bötchen gefahren. Oder es geht raus in den Grugapark oder die verschiedenen Revierparks. Sogar mit einem touristischen Personenschiffahrtsunternehmen, der *Weißen Flotte*, wird auf der Ruhr Geld verdient.

Schrebergarten & Balkon

Der Schrebergarten samt Gartenhäuschen ist die »Datscha« des Reviers und geht auf eine Entwicklung des preußischen Pädagogen Daniel G. M. Schreber zurück, der als erster Kinderbeete zur Förderung von Gesundheit und Entwicklung von Kindern einrichtete. Die Idee der sogenannten »Armenbeete« sollte die Versorgungslage von armen und kinderreichen Familien verbessern. 1896 wurde in Dortmund der erste Schrebergartenverein gegründet und fand im ganzen Revier schnell Nachahmer. Was den armen Familien recht war, wurde den bessergestellten Bürgern bald billig: Auch sie fanden hier ihren Freizeitspaß zwischen Kohl, Möhren und Radieschen. Heute dienen die Schrebergärten weniger der Grundversorgung mit Vitaminen als vielmehr der Muße, die man für die Bewältigung des großen Kreuzworträtselbuchs benötigt. Beim samstäglichen Jäten wird die Radiosendung *Tore, Punkte, Meisterschaft* gehört und den Schnecken zugeschaut, die in einer der vielen aufgestellten Fallen (»Schnecken fängste nua mit Bier!«) verenden. Bei ausgesprochen gutem Wetter wird Kotelett gegrillt und mit den Schrebergartennachbarn geklönt.

Wer keinen Schrebergarten besitzt, macht es sich auf dem Balkon gemütlich, sofern man das dort herrschende Chaos als gemütlich bezeichnen möchte. Denn der Balkon ist der am häufigsten und auf vielfältigste Weise genutzte Teil einer Wohnung: Hier wird die Wäsche getrocknet, das Kotelett gegrillt, Petersilie gezüchtet, der Kinderbuggy deponiert, der Toaster repariert, die Begonien gegossen, das Katzenklo erneuert, bei niedrigen Außentemperaturen das Bier gekühlt und die Kinder hingestellt, wenn sie unartig waren.

Die Heimorgel

Nach dem Niedergang des stromunabhängigen Bandonions (»Bergmannsklavier«) oder Akkordeons gilt dem Reviermenschen der warme und heimelige Klang einer elektronischen Heimorgel als Ausdruck ultimativer Gemütlichkeit. Das opulente und sperrige Möbel nimmt einen zentralen Platz im Wohnzimmer ein und ist farblich auf die Schrankwand abgestimmt. Die Liebhaber von Rhythmus-Patterns wie »Mambo«, »Disco-Fox« oder »English Waltz 2« haben ihre musikalische Kompetenz meist autodidaktisch erworben. Aber auch das pädagogisch raffinierte Erlernen von Liedern anhand farbig beklebter Tasten ist verbreitet. Fanatischen Bastlern, die dem irrigen Glauben unterliegen, sie könnten auf diese Weise eine Menge Geld sparen, bietet *Dr. Böhms Selbstbauorgelsatz* die Möglichkeit, eine ganz persönliche elektrotechnische Ruine zusammenzusetzen. Auf funktionstüchtigen Orgeln oder Keyboards wird hauptsächlich »Tulpen aus Amsterdam«, »Tea For Two« oder »Er gehört zu mir« gespielt. Die industriell vorgefertigten Begleitautomatiken weisen erstaunliche Parallelen zur durchautomatisierten Arbeitswelt auf und machen den Ruhrgebietler deshalb auch in der Freizeit glücklich.

Autos

Des Ruhrgebietlers Liebe zum Verbrennungsmotor wird weder durch ökologische oder finanzielle noch lebensqualitätsbezogene Bedenken getrübt. Das Fahrrad wird zwar als Sportgerät geschätzt; Radfahrer aber werden als Verkehrsteilnehmer genauso gehaßt wie Fußgänger. Für letztere gibt es in jeder Revierstadt Zonen, in denen sie sich frei bewegen dürfen, Fahrradwege hingegen existieren praktisch nicht. Auch Hinweise vereinzelter Autogegner auf Smoghöchstwerte und Dauerstaus (besonders auf der A40, dem »Ruhrschleichweg«) können die Begeisterung für Motor-Shows, Caravanmessen oder Motorradtreffen nicht mindern. Ruhris treffen sich bei laufendem Motor und geöffneter Haube, um über technische Details fachzusimpeln. Auch unters Auto legen sie sich gerne, um dem Objekt der Begierde näher zu sein. Fotos von spärlich bekleideten Damen werden vor allem in Verbindung mit Abbildung und Preisen von Autozubehör als reizvoll empfunden. Reisende, die eine Autopanne im Ruhrgebiet haben, tun gut daran, eine neutrale Reparaturinstanz wie den ADAC zu bestellen. Rasch angebotene Hilfe von privaten Bastlern oder lokalen Autowerkstätten kann nämlich in völliger Demontage des eigenen Gefährts enden (»Da müssen wa der Sache erssmal auf'n Grund gehen.«). Auf Autokinoplätzen werden Sonntag morgens Gebrauchtwagen gehandelt. Viele

Bastler haben hier ihr Hobby zum Beruf gemacht: Schrottautos kaufen, basteln und schweißen, dann einen Dummen finden, der das zusammengeflickte Objekt kauft.

Sport & Vereinswesen

Weder die Steigerung der eigenen körperlichen Leistungsfähigkeit noch die per Statut regulierte Muße ist Ziel des vereinsmäßig organisierten Ruhrgebietlers. Die eigentliche Obsession ist der Gewinn eines protzigen, geschmacklosen und möglichst überdimensionierten Preispokals mit eigener Namensgravur. Aber auch silberne Becher, ziselierte Ehrenteller, handtellergroße Medaillen oder Ehrenurkunden mit goldener Bordüre werden als – wenn auch nicht ganz gleichwertiger – Ersatz akzeptiert. Die Pokale werden wahlweise auf der oberen Wohnzimmer-Schrankwandkante oder in einer eigens dafür hergerichteten Vitrine postiert. Statt dem geneigten Besucher Urlaubsdias oder Videos vom krabbelnden Nachwuchs vorzuführen, erläutert der Ruhri gerne und ausführlich, unter welchen Begleitumständen jede einzelne Zinn- oder Blechtrophäe errungen wurde. Jede abstaubende Ehegattin oder Lebensabschnittspartnerin ist froh über Wanderpokale, die nach einem Jahr das Haus wieder verlassen.

Schon die schiere Anzahl der kulturellen und sportlichen Vereine zeigt den Wunsch des Reviermenschen nach gemeinschaftlicher Nähe. Vom Briefmarken- bis zum Zwergkaninchenzüchterverein, von den Terrariumfreunden bis zur Unterwasser-Rugby-Mannschaft: Es gibt kaum eine vorstellbare Tätigkeit, die im Revier nicht durch Vereinssatzung organisiert wäre. Das dient vor allem der psychosozialen Hygiene: Jeder darf sich wichtig vorkommen, unterliegt aber gleichzeitig der sozialen Kontrolle durch die anderen Vereinsmitglieder. Was im Verein passiert, geht übrigens die Familie nichts an. Denn gerade die sehr verbreiteten Gesang-, Gesellen- oder Kegelvereine bieten den meisten nur einen willkommenen Vorwand, sich einmal in der Woche ordentlich vollaufen zu lassen. Erst das Internet und die moderne Singlekultur (Fünf-Minuten-Terrine, Jazztanzschule) drohen den für das Ruhrgebiet typischen Vereinszusammenhalt zu unterhöhlen. Junge Computerspezialisten und schick gestylte Grafikerinnen widmen sich genau den Trendtätigkeiten oder Sportarten, die gerade in aller Welt angesagt sind: Inline-Skating, Freeclimbing, Bungee-Jumping. Und dafür braucht man natürlich weder einen Zweiten Vorsitzenden noch einen Kassenwart.

Gastronomie & Abendveranstaltungen

Kneipen gibt es an jeder Ecke, also vier pro Straßenkreuzung. Stammgäste halten die traditionell mit Resopalplattentischen und Kunststofftulpen ausgestatteten Eckkneipen für urgemütlich. Aber auch aufwendiger ausgestattete Kneipen (Stil: »altwestfälisch« oder »Irish Pub«) werden vom Ruhri angenommen. Die übliche Bestellungsformel lautet »Frollein (oder Vorname, falls bekannt), noch en Pilzken!« und wird mit einem »Bisse am

verduasten? Dat Pilz iss noch in Aabeit!« beantwortet.
Auch in der Kneipe pflegt der Ruhrpottler die ihm eigene
verbale Sparsamkeit. Daß er zu Beginn des Abends
zwanzig Minuten bei seinem Bier sitzt, ohne dem Gegenüber ein Wort gesagt zu haben, ist keine Seltenheit.
Der Redemotor muß in Schwung kommen, erst das dritte
bis vierte Pils löst die Zunge. Die Gesprächsthemen am
Tresen kreisen um Bundesliga-Tabellenplätze, Trainer-
wechsel und nicht bezahlte Bierdeckel.

Jugendliche zieht es ins für seine Kneipendichte
berüchtigte Bochumer »Bermuda-Dreieck«, wo mancher
für mehrere Tage spurlos verschwunden ist. Außerdem
ist der abendliche Abstecher in die Düsseldorfer Altstadt
beliebt, selbst auf die Gefahr hin, dort Rheinländern zu
begegnen und Altbier trinken zu müssen. Ansonsten
fährt die Jugend quer durchs Revier auf der ständigen
Suche nach noch kultigeren In- oder Outdoor-Events. Be-
waffnet ist man dabei mit einem Szenemagazin (*Marabo*
oder *Coolibri*), welches einen zielsicher zu denkwürdigen
Veranstaltungen wie »Frauenjazz aus Kurdistan« oder
»Super-Splatter-Filmnacht« lotst.

Erotik

Die Frauen im Revier sind Enttäuschungen gewöhnt. Man
hat sich frühzeitig den Traummann abgeschminkt und
nimmt lieber gleich den gutmütigen Freund mit nach
Hause. Dieser erweist sich zwar immer als mundfaul und
phantasielos, ist dafür aber treu und für viele praktische
Dinge zu gebrauchen. Die Männer indes haben keine

Ahnung von Frauen und ihrem komplexen Innenleben, was sich im Standardsatz »Meine Alte spinnt« niederschlägt.

Laß jucken, Kumpel hieß in den siebziger Jahren eine Serie von Sexfilmen, die den jungen Bergmann als eher sex- denn arbeitssüchtig darstellte. Nicht als ob im Revier weniger gehandelt würde als im restlichen Deutschland. Aber das Erotisch-Sexuelle gehört dem Reviermenschen erstens zur Normalität, zweitens in den Privatbereich. Und über den spricht man generell wenig. Selbst das Rotlichtmilieu – glaubt man den Beschreibungen des Schriftstellers Jürgen Lodemann in seinem Roman *Anita Drögemöller* – ist eher von Sachlichkeit und trockenem Humor geprägt. Das Wort »Abstecke«, die Abstandszahlung, welche Zuhälter für den Freikauf einer Prostituierten zahlen müssen, findet man übrigens auch in einem anderen sportlichen Bereich wieder: Beim Fußball bezeichnet es die Summe, welche Vereine beim Verkauf eines Spielers verlangen.

Ruhrpott-Humor

Ein hagerer Mann mit Aktentasche, Kosakenmütze und Kassen-Brillengestell betritt linkisch die Bühne. Er setzt sich hinter ein Kinderschlagzeug von etwa fünfzig Zentimeter Höhe und beginnt ein Jazz-Schlagzeugsolo. Während er versucht, mit dem rechten Fuß auf der Kinderschlagzeug-Bassdrum einen Wirbel auszuführen, legt er seine Trommelstöcke beiseite und öffnet die abgewetzte Aktentasche, die er während des gesamten Solos auf dem Schoß hatte, und holt einen ebenso abgewetzten Stoffhasen hervor. Am Höhepunkt des Wirbels angelangt, zieht er dem Hasen die Ohren ab, heftet sie wieder an und verläßt unter tosendem Applaus und Gelächter die Bühne.

Der Jazzmusiker und Komiker Helge Schneider ist ein Musterbeispiel für das teils naive, teils hintergründige, teils absurde Humorverständnis im Pott. Zunächst tut der Reviermensch erst einmal so, als besäße er gar keinen Humor. Erst im Laufe der Zeit merkt der Zugereiste oder Eingewanderte, daß er einen sehr ironischen, zuweilen sarkastisch aufgelegten Menschenschlag vor sich hat. Revier-Humor ist lakonisch und wird staubtrocken serviert. Weniger das Erzählen von Bandwurmwitzen mit absehbarer Pointe als die knappe und treffsichere verbale Replik sind des Ruhrgebietlers Ding. Auf dumme Fragen gibt man eben dumme Antworten: »Was gibt's 'en heute zu essen?« »Wirsse schon sehen!« Oder: »Wieviel Uhr iset?« »Kannze nich nach gehen, wird imma späta!«

Ruhrgebietsmentalität drückt sich im »Döneken« aus, einer meist wahren humoristischen und alltäglichen Begebenheit, die vom Erzähler immer auf eine Pointe hin zugespitzt wird.

Sehr beliebt sind auch ironische Bezeichnungen: Ein Auto mit defekten Stoßdämpfern heißt »Hämorrhoidenschaukel«, ein HNO-Spezialist »Fünflöcherarzt« und ein sehr häßliches öffentliches Gebäude in Dortmund »Das Grabmal des unbekannten Fliesenlegers«. Auch an offensichtlichem Nonsens und Kinderhumor hat der Ruhri seine Freude: »Sach ma ne Stadt mit drei Tieren! Weiße nich? KuPferdReh!« (Kupferdreh = Stadtteil von Essen). Eine besondere Variante des Revierhumors sind die in vielen Großstädten der Welt anzutreffenden Angebersprüche, die Jugendlichen oder kleinen Ganoven als »Warming up« vor einem möglichen Konflikt dienen: »Bestell dir schomma zwei rohe Koteletts, damitte deine Vailchen kühln kannss!«

Eher peinlich berührt ist der Ruhri, wenn die eigenen Witze oder Anspielungen von anderen nicht verstanden werden. Er sagt zwar nichts, denkt sich aber: »Wennze dat jetzt nich verstanden hass, iss eh umsons, ich erzähl dich dat ninomma.«

Ein Humorist, Komiker oder Kabarettist darf in den Augen eines Ruhris alles sein: lautstark oder versponnen, deftig oder absurd, nie aber glatt und unverbindlich wie die karrieregeilen Sitcom-Darsteller im vorabendlichen Fernsehprogramm. Politisch korrektes Fernsehkabarett à la Hildebrandt & Jonas verfehlt genauso den Reviernerv wie die krampfigen Bemühungen von Jungkomikern in karierten Anzügen.

Neben Helge Schneider oder seinem ähnlich bizarren Kollegen Piet Klocke kommen zahlreiche humoristische Koryphäen aus dem Pott und werden dort auch heiß und innig geliebt: Fritz Eckenga und sein *Rocktheater Nachtschicht* parodieren seit zwei Jahrzehnten mit einer Verbindung von Kabarett und Rockmusik die Medienwelt und ihre Auswüchse; ruhrgebietstypisch sind vor allem die Darstellung eines selbstherrlichen Bademeisters und einer nervtötenden Bäckerin, die ihre Kunden an den Rand des Nervenzusammenbruchs treibt. Das Frauenduo *Missfits* aus Oberhausen wirft in trockener Reviermanier selbstironische Blicke auf die Frauenbewegung vor, während und nach der Emanzipation. Uwe Lyko alias *Herbert Knebel* schließlich ist nach Jürgen von Manger der Kabarettist mit dem besten Blick aufs Maul des Volkes. Ebenso wie sein älterer Manger-Kollege *Adolf Tegtmeier* ist die Kunstfigur Knebel ein knorriger Frührentner mit Kapitänsmütze, der sich mit entgleisender Syntax durch ein schier undurchdringliches Gestrüpp von halbgarem Wissen zum Kern der Dinge durchkämpft.

Essen & Trinken im Ruhrpott

Die Ruhrgebiets-Küche ist nichts für Leute, die eine Diät planen. Nicht umsonst heißen die beiden bekanntesten Ruhrgebiets-Aufforderungen »Gezz abba ran an den Speck!« und »Gezz abba Butta bei die Fische!« Grundlage der für einen Malocher notwendig kalorienreichen Ernährung ist die deftige westfälische Küche. Diese wurde selbst vom durchreisenden Heinrich Heine in seiner »Winterreise« lobend erwähnt:

> Der Tisch war gedeckt. Hier fand ich ganz
> Die altgermanische Küche.
> Sei mir gegrüßt, mein Sauerkraut,
> Holdselig sind deine Gerüche!

Wirsingroulade, Mettwurst in Grünkohl, Bohnen-, Linsen- und Erbseneintöpfe: In den letzten hundert Jahren rumorte es ordentlich in Ruhrpottdärmen. Fast jede Bergmannsfamilie stampfte Sauerkraut, Schnippelbohnen und Stielmus in Fässern ein. Eine besondere Spezialität war der *Panhas*: Eine eingedickte Blutwurstbrühe, die – steif geworden – scharf angebraten wurde. Was an Vielfalt fehlte, wurde durch Menge wettgemacht.

Der Mann ließ kochen und sich bedienen, mit Lob für die Hausfrau wurde gespart. Daß Betriebskantinen inzwischen makrobiotische Kost und Salatbüffets inklusive Kalorientabelle anbieten, sieht der traditionsbewußte Liebhaber solch fettmachender Küche mit einiger Verwunderung: Wie kann etwas schmecken, das nur so wenig Kalorien hat?

Die Pommesbude

Immer wenn die Ehefrau oder Lebensabschnittspartnerin einige Tage lang zu figurbetont gekocht hat, flüchtet der männliche Ruhri in die Pommesbude. Sofort nach dem Betreten nimmt die Kleidung für mindestens drei Tage den charakteristischen Geruch von altem Pommesfett und frisch zubereitetem Gyros an. Nach der Aufgabe einer ruhrgebietstypischen Bestellung (zum Beispiel »Doppel Pommes rot-weiß und Jägersoße, aber schaaf!«) holt man sich ein Bier aus dem Kühlschrank und schaut den Sportteil der üblicherweise ausgelegten *Bild*-Zeitung durch. Das Mitnehmen der schwerverdaulichen Ware wird mit »für auffe Faust«, der Verzehr an Ort und Stelle mit »für um hier zu essen« umschrieben. Zutaten wie Zaziki oder Zwiebeln werden nach positiver Beantwortung der Frage »Mit allet?« hinzugefügt. Neben Gyros, Döner, Frikadelle und Schaschlik ist Currywurst die beliebteste Kalorienbombe des Reviers, der auch Herbert Grönemeyer ein musikalisches Denkmal gesetzt hat. Der hohen Akzeptanz solch fett- und salzreichen Nährschlamms verdankt das Ruhrgebiet auch seine

Attraktivität als Standort moderner Herzinfarktfor-
schung. Gelangweilten Jugendlichen und Langzeitarbeitslosen, die in ihrer Stammkneipe schon Lokalverbot
haben, dient die Pommesbude als letzte Zuflucht. Sowohl griechische als auch türkische Imbißbuden erfreuen sich größter Beliebtheit, auch das große gelbe
»M« auf rotem Grund hat im Revier weite Verbreitung ge-
funden. Noch rationellere Formen von Nahrungsvertei-
lung wie ein an Autobahnraststätten aufgestellter Pom-
mes-frites-Automat sind im Revier schon erprobt und für
gut befunden worden. Die Hinwendung von Besserver-
dienenden und Studenten zur italienischen Küche vermag die enormen Vitamin- und Ballaststoffdefizite des
Ruhrgebiets kaum positiv zu beeinflussen.

Essen gehen

Auswärts essen zu gehen ist den älteren Ruhrgebietlern
keine Selbstverständlichkeit. Es muß einen besonderen
Anlaß wie Muttertag oder die bestandene Nachprüfung
des Sohnes geben. Beim Bestellen von Getränken üben
sie Zurückhaltung, weil man aufkommenden Durst zu
Hause preiswerter stillen kann. Getreu der Devise »Lieber den Magen verrenken, als dem Wirt wat schenken«,
wird der immer reichlich gefüllte Teller im gutbürger-
lichen Restaurant inklusive Zierpetersilie blitzsauber gegessen. Sollten dennoch die ruhrgebietstypisch üppig
aufgetischten Mengen nicht bewältigt werden, muß man
die Mutter davon abhalten, sich die Reste in Aluminium-
folie »für den Hund« einpacken zu lassen.

Nachbemerkung: Der Name der Stadt Essen hat nichts mit der Hingabe ihrer Bewohner an die Nahrungsaufnahme zu tun, sondern ist die hochdeutsche Version von *Astnide* oder *Assinde,* dem ursprünglichen Essener Dorffleckchen, an das heute noch *Assindia*, ein gern getrunkenes Sprudelwasser aus dem Revier erinnert.

Kaffee trinken
Das Ruhrgebiet ist voller netter Großmütter und Großtanten. Diese heißen Ada, Alma, Änne, Emmy, Else, Erna, Grete, Hertha, Heide, Jenny oder Lisbeth. Solange sie noch laufen können, gehen sie so häufig wie möglich zum Konditor. Ähnlich wie in anderen Regionen Deutschlands behalten ältere Damen in der Konditorei Hüte und Pelzkappen auf, die Frisur bleibt intakt (oder so wie sie vorher war). Beim häuslichen Kaffeekranz wird der Hut selbstverständlich abgenommen. Systematisch werden die meist jüngeren Verwandten durchgegangen: Wer, wann, wie, wo, warum, mit wem. So kann es kommen, daß entfernte Verwandte, die man höchstens alle zwanzig Jahre auf einem Geburtstag oder einer Beerdigung trifft, genauestens über die eigenen Wohnverhältnisse informiert sind: »Ihr habt doch diese schöne Holzverkleidung im oberen Stock.« Bei schönem Wetter oder besonderen Anlässen wird das Kaffeetrinken in ein Ausflugslokal verlegt. Gern lassen sich die Großmütter und Großtanten von beruflich stark eingespannten Enkelinnen und Großnichten ins Grüne chauffieren. Die Lokale tragen altwestfälische Namen wie »Op de Höh«, »Bär-

65

winkel« oder »Dicken am Damm«. Oft sind alle guten Plätze draußen schon besetzt, und man begnügt sich mit einem verräucherten Platz in Toilettennähe. Das hat jedoch einen finanziellen Vorteil: »Draußen« muß man ein ganzes Kännchen Kaffee pro Person bestellen, »drinnen« darf man sich mit einer Tasse begnügen. Das Stückchen Torte (»Aber bitte mit Sahne«) gehört jedoch immer dazu.

Im häuslichen Bereich wird das Kaffeetrinken nicht weniger ausgiebig zelebriert, wobei sich männliche Familienmitglieder immer vorsorglich »abseilen«, das heißt, eine dumme Ausrede zum Nichterscheinen bereithalten. Die Gastgeberin muß für ihre oft zahlreichen Verwandten und Bekannten immer drei große Kaffeepötte bereithalten: Kaffee, heißes Wasser (für die, die Kaffee nur verdünnt vertragen) und Kaffee Hag (für die, die Kaffee überhaupt nicht vertragen). Für die tägliche Bereitstellung der benötigten Wassermengen sorgen vierzehn Talsperren im Sauerland, die besonders am Sonntag nachmittag Niedrigstände zu verzeichnen haben.

Bier trinken

Daß auf den mineralhaltigen Abraumhalden des Kohlenpotts auch Reben für hervorragende, halbtrockene Weißweine gedeihen (»Monte Schlacko«, »Katernberger Kellertröpfchen«, »Gelsenkirchener Engelspisse«) ist zu vielen Weinkennern bislang bedauerlicherweise noch nicht durchgedrungen. Für den echten Ruhrpottler ist dies aber lange noch kein Grund, auf das tägliche »Bia-

66

chen« zu verzichten, denn: »Dat schönste am Wein iss dat Pilzken hintahea!«

Getrunken wird dat Pilzken zum Mittag- und Abendessen, beim Fernsehen und direkt vor dem Schlafengehen. Schlafstörungen oder unangenehme Träume werden immer als eine Folge von zuwenig Bier vor dem Einschlafen diagnostiziert. Das häufige nächtliche Harnlassen und den zwangsläufig hohen Wasserverbrauch ertragen die Frauen als ruhrgebietstypisches Phänomen.

Interessanterweise hatten vor allem die Stahl- und Kohlebarone des 19. Jahrhunderts ein starkes Interesse am feierabendlichen Bierkonsum: Sie errichteten ihren Arbeitern Biergaststätten, in denen der Ausschank härterer Alkoholika verboten war. Den größten Erfolg scheint diese Ernährungspolitik in Dortmund gehabt zu haben, das immer noch als Europas erste Bierstadt gilt. Das Braugewerbe ist hier so erfolgreich, weil selbst Grönländer oder die Einwohner von Samoa nicht auf ihr *DAB* (»Dortmunder Arbeiter-Bier«) oder *Union-Pils* verzichten wollen.

Die These vom genetisch bedingten Bierdurst wird durch ein Indiz aus vorindustrieller Zeit gestützt: Im reichverzierten, mittelalterlichen Chorgestühl von St. Marien in Dortmund findet man unter anderem das Bildnis eines »Unmäßigen Trinkers«. Daß der Ruhri auch heute noch über den gewöhnlichen Bierdurst hinaus weiter trinkt, bestätigen unzählige Ruhrpottausdrücke für das Stadium der Volltrunkenheit: »die Hacken voll haben«, »unter Strom stehen«, »einen im Kahn haben«, »einen Kopp wie ein Rathaus haben«, »dat Männchen mitti Nagelschuhe spüren«, »einen inne Mütze haben«, »prall wie die Natter«, »stramm wie eine Haubitze«, »breit wie die Eieruhr«, »knülle« oder »schicker« sein!

Normalerweise trinkt man gutgekühltes und korrekt gezapftes Pils (sprich: »Pilzken«); Alt und Kölsch – die Biersorten des Rheinländers – nur, wenn kein Pils vorhanden ist. Beliebt ist die »Herrengedeck« genannte Kombination mit einem westfälischen Korn. Der Auswärtige sollte dies nicht mit der ebenfalls beliebten Herrentorte, einer Sahnetorte mit Schokolade, verwechseln! Weniger die Küche und der Service als die richtige Biermarke ist entscheidend zur Beurteilung einer Gaststätte. Besonders treue Anhänger bestimmter Biermarken nehmen eine Einladung zum Essen zunächst nur zum Schein an, um sich dann heimlich zu vergewissern, ob auch die korrekte Biersorte in betreffendem Etablissement ausgeschenkt wird. Bei Nichtgefallen kann die Feier an erheblichem Gästeschwund leiden.

Im übrigen trinkt der normale Ruhri in zwangloser Umgebung – zu Hause oder im Schrebergarten – immer aus der Flasche, Besserverdienende und Düsseldorfer trinken aus dem Glas, nur »Ballermann«-Proleten trinken aus der ökologisch bedenklichen Dose.

Feier- & Festtage im Ruhrpott

Westfälisch-archaische Festtagsbräuche wie das »Gän-
sereiten« (man versucht einer toten Gans vom Pferd aus
den eingefetteten Kopf abzureißen) trifft man nur noch
vereinzelt im Revier an.

Die üblichen Feiertage werden vor allem genutzt, um
in Holland einzukaufen. An Sonntagen und anderen ar-
beitsfreien Tagen haben – wie in vielen anderen Lebens-
fragen auch – weibliche und männliche Ruhris diametral
entgegengesetzte Interessen. Der männliche Ruhrpottler
möchte feiertags frühestens erst um elf Uhr aus dem
Bett (»Poofe«) kriechen, sofort das Mittagessen serviert
bekommen, danach einen knallbunten US-Ritterfilm von
1951 oder 1952 sehen, Mittagsschläfchen halten und
einen starken Kaffee trinken, um sich schließlich für die
Kneipe frisch zu machen. Der weibliche Reviermensch
hingegen ist an freien Tagen spätestens um halb acht zu-
rechtgemacht und hat ein umfangreiches Kinderbelusti-
gungs- , Kultur- und Familienzusammenführungspro-
gramm ausgearbeitet, welches den Tag minutengenau
bis nach Mitternacht regelt. Diese sehr unterschied-
lichen Vorstellungen über perfekte Freizeitgestaltung
führen regelmäßig zu starken Konflikten innerhalb der

Beziehung. Erst einige Tage geregelter Arbeit vermögen
die aufgebauten Spannungen wieder zu lösen.

1. Mai

Der 1. Mai ist ein vom Deutschen Gewerkschaftsbund
verordneter Revierfeiertag. Die meist überschaubare
Masse der Werktätigen (alle, die noch einen Mitglieds-
ausweis besitzen) spaziert nach einem gemeinsamen
Frühschoppen diszipliniert und gemütlich zum Markt-
platz oder Rathaus. Dort werden – sobald die Fernseh-
teams des Westdeutschen Rundfunks ihre Kameras postiert haben – die vorgefertigten Plakate des DGB für die
Tagesschau hochgehalten. Oft versucht der Vorsitzende
des örtlichen Gewerkschaftsvereins, die Masse der
Werktätigen zu einer markig geschmetterten politischen
Parole zu bewegen. Etwa: »Kein Lastenlohnausgleich
ohne Nachtschichtzuschlag« oder »Samstags gehört der
Papi uns«. Sobald die öffentlich-rechtlichen Kameras
ausgeschaltet sind, löst sich die Kundgebung sofort in
die umliegenden Kneipen auf.

Essener Lichtwochen

Der Sommerschlußverkauf ist vorherbstlicher Auftakt,
die »Essener Lichtwochen« sind Kulmination des alljähr-
lichen Konsumterrors. Überdimensionale Lichtfiguren
aus Abertausenden von Glühbirnen sind ab Oktober in
der gesamten Essener Innenstadt installiert und künden

wehmütig von Zeiten, in denen Energieverschwendung noch als fortschrittlich galt. Doch der in Essen ansässige Stromgigant RWE hat bis jetzt gegen die jährlich üppiger werdenden Installationen niemals Beschwerde eingelegt.

Von Erntedank bis Silvester ist in den Einkaufszonen des Reviers schlichtweg die Hölle los. Wer sich zu dieser Zeit in das riesige *Rhein-Ruhr-Zentrum* oder das neuerrichtete *CentrO* in Oberhausen begibt, ist ortsunkundig, Masochist oder echter Ruhrpottler. Schon beim normalen Einkaufen kann man diesen niemals entspannt bummeln oder gar zwischen den Geschäften hin und her schlendern sehen. In der einen Hand hält er verkrampft den Stichwortzettel mit Sonderangeboten, in der anderen zwei, drei oder vier Plastiktüten gleichzeitig. Treibende Einkaufskraft ist die Ehefrau. Während die Männer sich durch Bratwurstessen und Bierverzehr ihren Pflichten weitgehend entziehen, quälen die Gattinnen die eigenen Kinder (»Nu zieh das doch ma endlich an!«) und überforderte Verkäuferinnen (»Hamse dat nich in 44, nich blau, nee, in sonnem beesch!«) bis zur restlosen Erfüllung ihrer präzisen Vorstellungen. Am Ende eines langen Einkaufstages wird penibel zusammengerechnet, wieviel Geld man durch geschicktes Ausnutzen von Sonderangeboten gespart hat.

Kommunion & Konfirmation
Die meisten Ruhrpottler sind Agnostiker. Die Existenz eines höheren Wesens kann ihrer Meinung nach weder

eindeutig verifiziert noch falsifiziert werden. Also lohnt es kaum, sich den Kopf (sprich: »die Biane«) darüber zu zerbrechen. Geglaubt wird vor allem an die fußballerischen Axiome Sepp Herbergers (»Der Ball ist rund«, »Ein Spiel dauert neunzig Minuten«) und an die Ungerechtigkeit der Welt gegenüber der eigenen Person (»Der Ruhri gegen den Rest der Welt«). Die Institution Kirche wird lediglich als Dienstleister in Sachen Taufe, Ehe und Ableben betrachtet; Pfarrer oder Pastoren werden auf dem Bürgersteig freundlich gegrüßt, ihre seelsorgerische Tätigkeit jedoch eher als Drückebergerei vor »echter Arbeit« eingeschätzt. Maskottchen, Amulette und andere Formen von Aberglauben werden belächelt, außer beim nächsten Schalke-Spiel und beim Mittwochslotto. Den obligatorischen Kommunions- bzw. Konfirmationsunterricht nimmt der Reviernachwuchs ebensowenig ernst wie in anderen Regionen Deutschlands. Der Kauf eines dafür speziell angefertigten Kleides oder Anzugs wird meist von der Androhung von Prügel und reichlich Tränen begleitet. Ansonsten sind die materiellen Erwartungen zu diesen Anlässen keineswegs unbescheiden und werden den Schenkern gegenüber auch unverblümt und konkret ausgesprochen.

»Ich hab tausendachthundert Mark bekommen, und du?« heißt es in der großen Pause auf dem Schulhof.

Vor einem Kirchenaustritt haben viele Ruhris jedoch immer noch Skrupel: Was, wenn da oben doch ein Boß sitzt, der Ungläubigen fristlos kündigt? Man kann ja nie wissen.

Vier Hochzeiten & noch mehr Todesfälle

Taufen, Geburtstage, Hochzeiten und Beerdigungen werden in den Hinterzimmern von Gaststätten begangen, die von den Gastronomen großspurig »Festsäle« genannt werden. Auch der Betrieb einer »Bundeskegelbahn« prädestiniert eine Gaststätte zur Austragung einer familiären Feier. Konflikte mit dem Wirt entstehen im Vorfeld, wenn die Hausfrau ihren hausgemachten Herings-Kartoffelsalat mitbringen will. Auf Details – wer neben wem sitzt – wird genaustens geachtet; das große Ganze – nämlich die Stimmung – verliert der Ruhri schnell aus den Augen. Familienfeste können quälend langweilige Veranstaltungen sein. Selbst der allgegenwärtige Alleinunterhalter am Bandoneon, Schifferklavier oder – neuerdings – digitalen Keyboard kann da nichts mehr ausrichten. Diesem hat Helge Schneider übrigens in seiner Rolle als »schlechtester Entertainer der Welt« ein bleibendes Denkmal gesetzt. Manchmal werden Hochzeiten durch die feierliche Verbrennung der Hosen des Junggesellen leicht belebt, ein anderes Mal versucht sich der Vater des Geburtstagskindes an einem Zauberkunststück. Vergeblich – der Menschenschlag an der Ruhr kann sich zwar ordentlich einen hinter die Binde kippen, das Feiern ausgelassener und rauschender Feste bleibt ihm jedoch bis heute versagt.

Vatertag

Am Vatertag – manchen noch bekannt als Christi Himmelfahrt – zeigen sich die aus der Arbeitswelt bekannten männerbündelnden Tendenzen in freier Wildbahn. Nachdem sie sich einige Tage zuvor rührend um das Wohl der Mutter gekümmert haben (»Heute brauchse ma nich zu aabeiten, Mutta! Heut machen wir dat Frühstück!«), verschwinden sie am Vatertag so schnell es geht. Die Frauen fragen am nächsten Morgen nicht, was ihre Männer wieder angestellt haben, und das ist meist gut so. Überglücklich, der Familie entronnen zu sein, ziehen Rotten und Horden von alkoholisierten Männern kreuz und quer durchs Revier. Besondere Kennzeichen sind Spazierstöcke mit anmontierten Fahrradklingeln und Asbach-Uralt-Flaschen. Besonders ausgelassene Männer tragen Strohhüte. Wer viel Geld hat, mietet sich einen Planwagen mit Pferdeantrieb, wer weniger besitzt, muß das Fäßchen Bier in einem *Bollerwagen* hinter sich her ziehen.

Ruhrpott-Geschichte

Am Anfang standen der Schachtelhalm, der Bärlapp und andere urzeitliche Gewächse, die im feuchtwarmen Klima der Karbonzeit (vor dreihundert Millionen Jahren – in Zahlen: vor 300 000 000 Jahren) prächtig gediehen. Im Zuge von etlichen Überschwemmungen versackte dieser Biomüll in Geröll und Schlamm und wurde im Verlauf von Jahrmillionen ordentlich gepreßt und erhitzt. Damit war die Steinkohle fertig und harrte im Boden ihrer künftigen Ausgrabung und Nutzung durch den industriellen Reviermenschen. Aber vorher wurde die Region noch von anderen Geschöpfen bewohnt, welche man heutzutage im *Quadrat*, dem Bottroper Museum für Urgeschichte besuchen kann: Mammuts, Wisents und einige schlechtgelaunte, weil ausgestorbene Urmenschen.

Den Römern war das waldige und regnerische Gebiet rechts des Rheins suspekt; zur Strafe wurden die dort ansässigen Germanen nicht kultiviert, weshalb es feine Küche, Weingenuß und Wohnkultur im Revier bis zum heutigen Tage schwer haben. Karl der Große legte den *Hellweg*, den bedeutendsten mittelalterlichen Handelsweg an. Dieser führt von der Ruhrmündung über Essen und Bochum bis nach Dortmund und geht später als

Ruhrschnellweg in die Annalen der modernen Stauge-schichtsschreibung ein. Ansonsten passierte bis ins 19. Jahrhundert hinein nicht allzuviel. 1820 lebten auf dem Gebiet des heutigen Ruhrpotts knapp 275 000 Menschen mehr schlecht als recht von Ackerbau und Viehzucht, von kleinem Handwerk und bescheidenem Handel. Reisende des frühen 19. Jahrhunderts beschrieben in anmutigen und romantischen Versen die Natur und den idyllischen Reiz der Ruhrlandschaft. Nicht mehr für sehr lange.

Wilder industrieller Westen
»Wie ein kleiner Hirtenjunge im Süden des heutigen Rheinisch-Westfälischen Industriegebietes den Nutzen der Steinkohle entdeckte« heißt eine simple Sage, die jedes Revierkind in die Heimatkundemappe oder den Laptop diktiert bekommt. Demnach entzündete ein Bauerssohn eines Abends nach dem Säuehüten ein Feuer und begrenzte es mit dunkelschwarzen Steinen. Des Morgens wunderte er sich, daß diese Begrenzung lange nach dem Ausgehen des Holzfeuers noch immer weiterglühte. Noch heute streiten sich die Bewohner der entsprechenden Regionen darüber, ob diese Steine nun im Wittener Muttental oder in Sprockhövel-Herzkamp lagen.

Egal, ob wahr oder erfunden: Innerhalb von zwei Generationen wurde aus einer landwirtschaftlich geprägten Gegend mit verschlafenen Dörfern das bedeutendste Industriegebiet Europas. Die legendären Gründergestalten wie Alfred Krupp oder Franz Dinnendahl waren tüchtige bis geniale Tüftler und Bastler, die weder Terminkalender noch Sekretärin besaßen, dafür aber jeden ihrer Arbeiter namentlich kannten. In den kleinen Werkstätten standen sie selbst am Schmelzofen oder legten an der Dampfmaschine Hand an. Unter riskantem persönlichem Einsatz spionierten sie in England industrielle Geheimnisse aus und entwickelten diese mit Erfolg auf deutschem Boden weiter.

Am 25.10.1847 dann wurde »Westfalen aus seiner Abgeschiedenheit herausgerissen und mit eiserner Bande an seine Bruderstämme gekettet«. Die Rede ist von der Eröffnung der *Köln-Mindener Eisenbahn*, welche im Revier die verkehrstechnische Basis für die ansteigende industrielle Produktion schuf. Manche der frühen Zuggäste wunderten sich, hielt dieser Zug doch – unweit der Emscher – an einem eingeschossigen Fachwerkhaus, das verloren in der Landschaft herumstand. Diesen besonderen Zughaltepunkt hatte der Industrielle Franz Haniel durchgesetzt, der über eine direkte Verkehrsanbindung für die von ihm mitgegründete Gutehoffnungshütte verfügen wollte. Um diese winzige Zugstation herum entstand in der Folge eine Siedlung, die schon 1874 die Stadtrechte erhielt: Oberhausen.

Der Boom
Der plötzlich durch neugegründete Zechen, Gießereien und Fabriken entstandene Arbeitsbedarf zwischen Lippe und Ruhr führte zur größten europäischen Völkerwande-

rung seit den Zeiten der Goten und Wandalen. Gegen Ende des 19. Jahrhunderts kamen Hunderttausende aus Holland, Österreich und Rußland, vor allem aber aus den preußischen Ostgebieten und Polen. Die miserablen Zustände in der Heimat und die geschickte Werbung der Zechen hatten die Aus- bzw. Einwanderer überzeugt:

»Masuren! In rheinländischer Gegend, umgeben von Feldern, Wiesen und Wäldern, den Vorbedingungen guter Luft, liegt eine reizende, ganz neu erbaute Kolonie der Zeche Victor bei Rauxel. Zu jeder Wohnung gehört ein sehr guter und trockener Keller, ferner ein Stall, wo sich jeder sein Schwein, seine Ziege oder seine Hühner halten kann. Endlich gehört zu jeder Wohnung ein Garten. Die ganze Kolonie ist von schönen breiten Straßen durchzogen, Wasserleitung und Kanalisation sind vorhanden. Abends werden die Straßen elektrisch beleuchtet. Vorgetäuscht wird durch dieses Plakat nichts. Es beruht alles auf Wahrheit.«

Natürlich beruhten solche Plakate auf Wahrheit. Verschwiegen wurde allerdings, daß die Luft im Dunstkreis von Bergwerken, Kokereien oder Hochöfen keine gute Feld-, Wald-, Wiesenluft mehr war. Hinzu kam die ständige Angst vor Unfällen unter Tage. Die Kinder der Bergleute beteten zur heiligen Barbara, um ihren Vater beim Abendessen wohlbehalten wiederzusehen.

Das gemeinsame Beten der Väter vor Schichtbeginn diente hingegen nur vordergründig dem Schutz vor dem Verschüttetwerden: Der Steiger kontrollierte dabei vor allem, welcher von den Arbeitern fehlte.

Ob Polen, Masuren oder Deutsche, die eingeborenen Westfalen nannten die Zugewanderten nur pauschal

»Pollacken«. Noch um 1910 sprach jedes vierte Schul-
kind in Recklinghausen polnisch. Bis zum heutigen Tage
haben Lehrer Probleme, die Nachnamen ihrer polnischstämmigen Schüler (zum Beispiel Jacqueline Blaszczyk
oder Chantal Przybieski) richtig auszusprechen oder zu
schreiben. Von türkischen oder bosnischen Namen ganz
zu schweigen.

Kostgängertum

Zwischen 1871 und 1905 stieg die Bevölkerungszahl des
Reviers explosionsartig von einer knappen dreiviertel
Million auf über zweieinhalb Millionen. Überall entstan-
den auf Veranlassung der »Schlotbarone« Siedlungen
für die eigenen Arbeiter, manche sogar mit hohem Wohn-
und Lebenswert wie die Siedlung Essen-Margarethen-
höhe. Was heute Bewohnern der unter Denkmalschutz
stehenden und meist liebevoll restaurierten Zechensied-
lungen preisgünstig und wohnlich erscheint, stellte sich
bei vergleichsweise hohen Mieten und wesentlich höhe-
rer Bewohnerzahl vor hundert Jahren völlig anders dar:
Um die finanzielle Belastung zu mindern, wurden junge,
familienlose Bergmänner in die Wohnung aufgenommen.
Sie wechselten schichtweise das Bett mit dem Familien-
vater oder anderen Kostgängern. Die Teilnahme an den
Mahlzeiten war obligatorisch (»Volle Kost«), zuweilen
gab es noch die Ehefrau gratis dazu (»Volle Kost voll«).
Die Uniformität der Siedlungen führte zu absurden
Situationen: So kam ein Kostgänger nach Hause, faßte in
das Fensterchen neben der Tür, nahm den Schlüssel,

ging rein, hängte die Mütze an den Haken und holte die Bratkartoffeln aus dem Ofen. Dann merkte er: Ein fremder Hut neben seiner Mütze! Pfanne wieder in den Ofen rein, rausgegangen, abgeschlossen und Schlüssel weggelegt. Er hatte sich im Haus vertan!

Die Stahlstadt

Als Reaktion auf die französische Niederlage im Krieg 1870/71 schrieb der »Mondfahrer« Jules Verne 1879 eine nicht ganz unirdische Utopie: In seinem Roman *Die 500 Millionen der Begum* fällt ein Millionenerbe je zur Hälfte dem Franzosen Dr. Sarrasin und dem Deutschen Herrn Schultze zu, mit der Auflage, in der nordamerikanischen Wildnis eine ideale Stadt zu errichten. Während Verne den Franzosen eine friedvolle Musterstadt errichten ließ, machte er aus dem Deutschen einen dämonischen Zyniker. Dieser entwickelt in einer Krupp-gleichen Industriestadt eine riesige Kanone, die den mustergültigen Häuschen und Beetchen des Franzosen den Garaus machen soll. Wie in vielen anderen Fällen erwies sich auch hier Jules Verne als Visionär kommender Dinge: Wenig Gutes ging im Ersten und Zweiten Weltkrieg vom Ruhrgebietsboden aus. Die zermürbenden Materialschlachten der Weltkriege waren ohne ständigen Nachschub aus der »Waffenschmiede des Reiches« nicht denkbar. Durch Ausbeutung von Kriegsgefangenen und KZ-Häftlingen verstrickte sich die Schwerindustrie in die nationalsozialistischen Verbrechen. Der letzte betriebsführende Krupp, Alfried, landete auf der Anklagebank von Nürnberg.

Die Schlote rauchen wieder

Das Ruhrgebiet wurde von den Alliierten im Zweiten Weltkrieg flächendeckend bombardiert, die Sprengung der Möhnetalsperre brachte zusätzliches Elend. Um die Deutschen auf Dauer daran zu hindern, einen weiteren Weltkrieg anzuzetteln, wurde die Demontage der Ruhrindustrie in Angriff genommen. Doch der Beginn des kalten Krieges und die beginnende Unterstützung durch die Amerikaner via Marshallplan verhinderten die Zurückverwandlung des Ruhrgebietes in die vormalige ländliche Idylle. Währungsreform, Wirtschaftswunder und Wohlstand folgten. Nicht nur Ludwig Erhards Zigarre, auch die Schlote qualmten wieder über Emscher und Ruhr. 1957 befand sich das Ruhrgebiet auf einem industriellen Höhepunkt mit einem Maximum an Beschäftigten und einem Minimum an Arbeitslosen. Arbeitskräfte wurden bald sogar importiert: 1962 strömte die erste Welle von Gastarbeitern ins Revier und konfrontierte den Ruhri mit einer Fülle kulinarischer Neuheiten wie Chianti, Paella oder Cevapcici.

Die Kehrseite des Wirtschaftswunders im Ruhrpott: Mütter mußten ihre Kinder abwaschen, wenn sie auf dem Balkon gespielt hatten. Im Freien zum Trocknen aufgehängte weiße Wäsche erhielt im Nu einen Grauschleier. Auch die Benennung einer Atemkrankheit (Pseudokrupp) nach einem der Industriemagnate des Reviers gereichte der Region nicht zu höherem Ansehen.

Zechensterben & Strukturwandel

Der Wiener Satiriker Georg Kreisler bündelte Ende der fünfziger Jahre alle Ruhrpottklischees in seinem Lied *Gelsenkirchen*:

> Ruhen Sie aus im Schatten der Meiler
> Auf einem Strand von Anthrazit
> Statt der Seeluft atmen Sie Preßluft
> Oder Kohlenmonoxid

Die Proteste der Gelsenkirchener gegen dieses Lied waren – bis hin zum Oberbürgermeister – heftig und zahlreich. Denn in einer Region voll hustender Väter und ständig waschender Mütter wollte man nach dem Schaden nicht auch noch den Spott haben. Indes regelten sich die gröbsten Umweltprobleme im Laufe der Jahre von selbst – weniger durch bewußtes Handeln als durch den langsamen Niedergang von Kohle und Stahl. Denn die Flöze im Süden der Region, unterhalb des »klassischen« Kohlenpotts, waren ausgebeutet. Der Bergbau wanderte nach Norden und immer tiefer ins Erdinnere, die Kohlekrise war da. Fünfzehn Jahre später, in den siebziger Jahren, kam im Gefolge der Ölkrise auch die Stahlindustrie des Reviers ins Wanken, der streikende Kumpel wurde – bis heute – zum Sinnbild der Region. Der ständig beschworene Strukturwandel bahnte sich nur zäh an und kommt eigentlich erst heute langsam ins Rollen. Nur noch acht Prozent der Beschäftigten im Revier haben direkt mit Kohle oder Stahl zu tun. Um denkmalgeschützte Fördertürme herum werden Naturidyllen zurückgewonnen, die Atemluft wird meßbar besser, die Vorurteile bleiben.

Das Süd-Nord-Gefälle

Das anheimelnd häßliche Ruhrgebiet zwischen Stahl-
trägern und Fördertürmen, wie es der deutsche Fernseh-
zuschauer aus Schimanski-Tatorten lieben gelernt hat,
ist heute vor allem im Norden des Potts, in Duisburg,
Gelsenkirchen, Bottrop, Recklinghausen und Dortmund
zu bewundern. Der Süden des Ruhrpotts, in dem die In-
dustrialisierung ihren Anfang genommen hatte, hat sich
schon weitgehend vom Kohlen- und Stahlerbe erholt
und würde von Außenstehenden sicherlich als ruhr-
gebietsuntypisch eingestuft werden. Kleinode wie das
Erholungsgebiet rund um den Baldeneysee oder das
schmucke Städtchen Hattingen mit seiner westfälischen
Altstadt sind aber nicht die Ausnahme, sondern nur Kor-
rektur des Klischees vom kohlestaubüberzogenen
Revier.

Die Unterscheidung zwischen Wohlhabenderen und
nicht so Wohlhabenden manifestierte sich früher in
Logenplätzen, Gymnasiumsbesuch und Hauspersonal.
Heute funktioniert sie schlicht über den Miet- oder Kauf-
preis pro Quadratmeter Wohnraum. Der Ruhrpott ist
attraktiv und von hoher Lebensqualität für alle, die es
sich leisten können; die Bildung von sozialen Brenn-
punkten oder Ghettos wie zum Beispiel im Duisburger
Norden schreitet jedoch genauso voran wie der Bau von
Technologieparks, Cineplexen und Konsumtempeln.

Abschließende Frage: Warum ist die Ruhr der nach-
weislich sauberste Fluß Deutschlands, der durch ein
Industriegebiet fließt? Antwort: Weil die Emscher so
dreckig ist. Schon 1913 wurden mit dem *Ruhrtalsperren-
verein* die Weichen für eine langfristige Versorgung des

Ballungsraums mit Trinkwasser aus der Ruhr gestellt. Im Rahmen dieser gewaltigen Aufgabe, deren Weitsicht heutigen politischen Visionen meist abgeht, nahm man die weitere Verschmutzung der »Kloake des Reviers«, wie man die Emscher bald nannte, in Kauf.

Ruhrpott-Kultur

Bildung

Jeder Überachtzehnjährige, der keiner soliden Arbeit
nachgeht, wird von alteingesessenen Reviermenschen
pauschal als »Student« tituliert. Das ist schon rein statistisch sinnvoll, denn sechs Universitäten im Ruhrgebiet
– alle zwanzig Kilometer eine – sorgen dafür, daß jede
Menge Professoren, Assistenten und wissenschaftliche
Hilfskräfte ihren Unterhalt bestreiten können. Als 1909
der erste Bergarbeitersohn ein Gymnasium besuchte,
galt das als Sensation. Naheliegende Bildungsansätze
wie die *Ruhrfestspiele Recklinghausen* (»Kohle für Kunst
– Kunst für Kohle«) und weniger Naheliegendes (»Arbei-
ter-Esperanto-Club«) waren nur ein Tropfen auf den heißen Stahl. Erst in den sechziger Jahren versuchte man
ernsthaft, lang Versäumtes nachzuholen: durch den Bau
der *Ruhruniversität* in Bochum, einer gigantisch angeleg-
ten Bildungsfabrik mit dreizehn Hochhäusern auf fünf
Quadratkilometern für 38 000 Studenten. Nach der
Freßwelle rollte die Bildungswelle.

Spätestens seit den siebziger Jahren sind die Ruhrgebietler auf einem heftigen und immer noch anhaltenden Bildungs- und Fortbildungstrip. Kein Ruhri, der nicht

irgendeinen Ausweis besäße, der ihm prozentuale Er-
mäßigung in einer Mensa, einem Schwimmbad oder
einem Programmkino verschafft. Verkopfte Akademiker
studieren die Tradition der proletarischen Kultur; Arbeiter studieren die verkopfte Kultur der Akademiker. Senioren studieren Jugend- und Popkultur; Jugendliche
studieren so lange, bis sie Senioren sind. Wer neben der
Arbeit noch überschüssige Kräfte besitzt, studiert per
Porto an der *Fernuniversität Hagen*, wer seinen Job verloren hat, läßt sich umschulen. In ihrem Alltag nicht aus-
gefüllte Ehefrauen lernen an Volkshochschulen, wie man
eine Südost-Ansicht des Fudschijama tuscht oder auf
portugiesisch bis dreißig zählt, unterforderte Ehemänner
besuchen einen Computerkurs, in dem sie ihr Fachchine-
sisch erweitern können. Waldorf-Schulen, Montessori-
Schulen und musische Gymnasien buhlen an Tagen der
offenen Tür um begabte Schüler und engagierte Eltern.
Nur die müden und ausgepowerten Lehrer an den Haupt-
und Gesamtschulen im Revier scheinen manchmal keinen rechten Spaß am Bildungsboom zu haben.

Subventionierte Kultur
Ob der Duisburger Künstler Wilhelm Lehmbruck mit
staatlichen Subventionen und öffentlicher Anerkennung
eine so ausdrucksvolle Plastik wie die 1911 entstandene
»Knieende« geformt hätte, kann dahingestellt bleiben.
1928 jedenfalls wurde die weltberühmte Figur Gegen-
stand gewaltsamer Attacken und wenige Jahre später
von den Nationalsozialisten als »entartet« gebrandmarkt

und entfernt. Das schlechte Duisburger Gewissen führte – lange nach dem Ableben des Künstlers – zur Gründung des Wilhelm-Lehmbruck-Museums. Auch sonst scheint sich der Ruhri vom gewalttätigen Banausen zum Musenfreund gemausert zu haben. Kaum ein Reviermensch hat noch ernsthafte Einwände gegen die zahlreichen Museen und öffentlichen Skulpturen, die den Ruhrpott zu einer dichten und weltweit einzigartigen Kunstlandschaft machen. Ausnahme: Als die Bochumer Stadtväter 1979 für 350 000 harte Deutsche Mark einen zwölf Meter hohen, hundert Tonnen schweren und ziemlich rostigen Stahlklotz namens *Terminal* vor den Hauptbahnhof setzten, regte sich der Bürger- und *Bild*-Zeitungs-Zorn. Wenn man schon soviel Geld aus Steuermitteln zum Fenster hinauswirft, dann soll es gefälligst auch nach Kunst aussehen und nicht wie in einer unaufgeräumten Werkshalle!

Viele Ruhrpottler loben sich einen sonntäglichen Besuch im Essener *Museum Folkwang*, wo man die weitgehend arbeitsweltfreie Moderne (»Da muß man noch wat erkennen können!«) bewundern kann; Sonderausstellungen mit viel Protz und Prunk finden in der Villa Hügel in Essen statt. Im Ruhrgebiet gibt es ein Dutzend städtischer Bühnen, die meisten sowohl mit Opern- als auch Theaterbetrieb. Sogar ein von Exilungarn gegründetes Orchester, die Philharmonia Hungarica, hat im Revier ein Zuhause. Unter den Orchestern ragen die Essener Philharmoniker hervor. Mit diesem Klangkörper eröffnete der junge Richard Strauß 1904 den Essener *Saalbau* mit der *Sinfonia Domestica*, einem orchestralen Hohelied auf stilles Eheglück zwischen Tageszeitung,

dampfendem Kaffeepott und schreiendem Baby. Zwei
Jahre später wurde am selben Ort die *Sechste Sinfonie*
von Gustav Mahler uraufgeführt. Neben einem riesigen
Orchesterapparat verlangte die Partitur zum erstenmal
in der Musikgeschichte zwei Harfen, eine Rute und einen
gigantischen Hammer – letzteres sicherlich eine Verbeu-
gung des Wiener Komponisten vor der industriellen Kraft
des Uraufführungsortes.

Volkstheater

Was man bei den Ruhrfestspielen in Recklinghausen versuchte – nämlich den »Mann von der Straße« oder ver-
stärkt Jugendliche ins Theater zu holen –, gelang dem
Bochumer Theater unter seinem Intendanten Peter Za-
dek in den siebziger Jahren. Legendär sind die vielen
Aktionen, mit denen der Intendant das Theater zum Volk
brachte: *Hamlet* wurde in einer leeren Fabrikhalle gespielt, Jango Edwards definierte mit seinen dreisten Per-
formances die Rolle des Clowns neu, und die Schauspielerin Tana Schanzara verteilte im Radfahrerdreß Eintopf
aus der Gulaschkanone. Auch wurden viele Stücke am
Wochenende schon um 15.00 Uhr angesetzt, damit die
ganze Familie zuschauen konnte. Von besonderem histo-
rischen Interesse ist aus heutiger Sicht die Bochumer
Inszenierung »Schwarzer Jahrmarkt«, in welcher der
noch jugendliche und mit einem Tirolerhütchen verse-
hene Herbert Grönemeyer den damaligen Gesangsstar
der Revue – die heutige Lindenstraßen-Mutti Marie-Luise
Marjan – am Piano begleitete.

Die Szene

Wer als gebürtiger Ruhrgebietler Karriere machen will, wandert in die Medienstadt Köln aus, mietet sich ein überteuertes Appartement und bekommt, nachdem er mit Alfred Biolek einen Weißwein getrunken hat, eine Nebenrolle in einer Comedy-Show oder einer Vorabendserie. Echte Künstler hingegen bleiben im Revier, nehmen einen Kredit auf, mieten sich eine leerstehende Werkshalle als Atelier (wie im *Kunstschacht Katernberg* oder in der *Zeche Zollverein*) und holen sich im Winter eine mittelschwere Lungenentzündung. Zwischen Duisburg und Dortmund tummelt sich eine kreative und lebenslustige Bohème, von der andere deutsche Großstädte nur träumen können. Wegweiser im Dschungel von populärer und alternativer Kultur sind für Einheimische wie Auswärtige die Szenemagazine *Marabo, Coolibri* oder *Prinz*. Neben bizarren Workshopangeboten und eindeutigen Kontaktanzeigen findet der Undergroundhungrige dort eine Unzahl von interessanten Veranstaltungen jenseits von Gewerkschaftsabend oder Opernabonnement. Szenekultur findet fast ausschließlich in Zechen, Industriegebäuden oder alten Bahnhöfen statt, die zu Kulturzentren oder Tanztempeln umgebaut wurden; Namen wie *Bahnhof Langendreer* oder *Live Station* erinnern an die frühere Zweckbestimmung. Zum Kaffee geht es in die Essener *Zeche Carl*, zur Kultur in die Herner *Flottmannhallen* und zum Abtanzen in die *Zeche Bochum*. Sogar ein riesiger Gasometer der Firma Thyssen dient in Oberhausen mittlerweile als spektakulärer Ausstellungsraum. Wo Opa früher malochte, macht heute der Enkel einen auf Kultur.

Musicals & Freizeitparks

Wer eine Sängerin auf Rollschuhen, die eine mit amerikanischem Akzent deutschsprechende Eisenbahn darstellen möchte, einem tiefschürfenden Shakespeare-Monolog vorzieht, kommt im Revier voll auf seine Kosten; vier »große« Musicals locken mit eigenen Hallen. Im Gegensatz zu Metropolen wie Köln, München oder Berlin kümmerten sich Investoren im Ruhrgebiet frühzeitig um Spielstätten und Gelder für die hohen Anfangsinvestitionen. Trotz (oder wegen?) horrend hoher Eintrittspreise strömen nun die Zuschauermassen per Bahn und Bus ins früher sorgsam gemiedene Revier; Gastronomen und Hoteliers der Region melden zum ersten Mal »volles Haus«. Sportlich Interessierte zieht es ins Rollschuhspektakel *Starlight Express* nach Bochum, bibelfeste Amüsierwütige besuchen *Joseph* im Essener *Collosseum*, einer ehemaligen Turbinenhalle, klassisches Musical gibt man mit den *Misérables* in Duisburg, und quengelnde Kinder liefert man in Oberhausens *CentrO* ab, wo Peter Maffays Drachensaga *Tabaluga* läuft. Daneben locken Freizeitparks, allen voran *Warner's Movieworld* in Bottrop-Kirchhellen.

Gänsehaut vom Fließband

Literatur aus dem Ruhrgebiet ist vor allem umsatzstark: Der meistgelesene Schriftsteller ist Helmut Rellergerd aus Dortmund, nennt sich »Jason Dark« und versetzt alle vierzehn Tage mit einer neuen Story vom Geisterjäger *John Sinclair* ein Millionenpublikum in Angst und

Schrecken. Schon siebenhundert Gruselromane sind aus seiner ziemlich flüssigen Feder geflossen, bereits 40 000 begeisterte Leserbriefe stapeln sich in seinem Büro. Steigender Beliebtheit erfreuen sich aber auch Krimis aus dem Ruhrpott, ein Genre, das Jürgen Lodemann mit seiner deftigen *Anita Drögemöller* begründete und das vor allem von Autoren im Grafit-Verlag fortgesetzt wurde. Die in den Feuilletons hochgelobten »authentischen« Arbeitswelt- und Ruhrgebietsromane von Revierautoren werden hingegen kaum von einer breiteren Leserschicht goutiert.

Medien

Da die Kölner per Klüngel mit dem Westdeutschen Rundfunk die zentrale Mediengewalt in NRW an sich gerissen haben, muß der arme Ruhrgebietler sich auf fünf öffentlich-rechtlichen Radiokanälen täglich vom Rheinländer bevormunden lassen: Kölscher Karneval und kölsche Mundart, kölsche Kabarettisten und kölsche Jazzgruppen werden ihm bis zum Abwinken auf dem Äther vorgesetzt. Darum schaut der Ruhrpottler im allgemeinen lieber fern. Zumal ja dort die einzig wahren Heimatfilme des Reviers – die alten Tatorte mit Kommissar Haferkamp (Essen) und Horst Schimanski (Duisburg) ständig wiederholt werden.

Jeden Morgen stecken viele Ruhris ihre verschlafenen Köpfe in die *Westdeutsche Allgemeine Zeitung* kurz WAZ genannt oder in die NRZ (*Neue Ruhr-Zeitung*), eine fast druckgleiche Variante. Die verantwortlichen Redakteure kennen ihre Pappenheimer: Der tages- und weltpolitische Teil der *WAZ* ist knapp und langweilig gehalten, die Sportberichterstattung hingegen ausführlich und mitreißend. Für tiefergehende Feinanalysen des letzten Schalke-Spiels wird jedoch der *Kicker* konsultiert, für kostensparende Maßnahmen rund um Haus und Auto ein kostenloses Annoncenblättchen.

Die wichtigste Frühstücksunterlage auf der Arbeitsstelle indes ist – wie im übrigen Deutschland auch – die *Bild*-Zeitung. Viele Vorstandsmitglieder oder leitende Angestellte, die sich zu fein sind, an der Trinkhalle Deutschlands führendes Meinungsblatt zu kaufen, schauen jeden Tag bei ihren Mitarbeitern hinein. Ein eigenes Boulevardblatt besitzt das Ruhrgebiet ebensowenig wie echte Boulevards.

Kino & Regisseure

Das Ruhrgebiet war lange Zeit ein Eldorado für Cineasten. *Regina*, *Gloria*, *Lux am Stern*, *Rex* oder *Grand Film-Palast* hießen die zahlreichen heimeligen Filmtheater mit Nierentischära-Ausstattung, in denen man sich für fünf oder sechs Mark Rückenschmerzen und Genickstarre zuziehen konnte. In Filmtheater namens *Roxy* oder *Smoky* versuchten sich vor allem Jugendliche unter achtzehn Jahren hineinzuschmuggeln. Neben diesen heute zu Programmkinos umgestalteten Kleintheatern bestimmen wie überall in Deutschland die gewaltigen Multiplexe mit überteuerten Preisen und Popcornkonsum die Landschaft. Selbst die altehrwürdige Essener *Lichtburg* mit dem bis heute größten Kinosaal Deutschlands steht bei Redaktionsschluß kurz vor der Pleite. Den letzten Akzent gegen den kommerziellen Ausverkauf der einst bunten Kinolandschaft im Revier setzt das kleinste und das am häufigsten ausgezeichnete Kino Europas, die *Galerie Cinema*. In diesem winzigen Zimmerkino läuft seit zweiundzwanzig Jahren ohne Unterbrechung jeden Sonntag um 17.30 Uhr Hal Ashbys *Harold and Maude* in der Originalfassung und – wenn nichts Unvorhergesehenes passieren sollte – auch die kommenden zweiundzwanzig Jahre.

Von ähnlicher Hartnäckigkeit wie der Besitzer dieses kleinen Kinos sind die meisten Ruhrgebietsregisseure, allesamt rebellische Undergroundfilmer, denen ein ausgearbeitetes Drehbuch oder schauspielerisches Können als Verrat an der künstlerischen Aussage gelten. Der Ursprung dieser subversiven Haltung ist in den *Oberhausener Kurzfilmtagen* zu suchen, einer Veranstaltung von deutschen Jungfilmern, die ab den sechziger Jahren eine Bildersprache jenseits der deutschen Heimat- und Arztschinken suchten.

Daß die staatliche Förderstelle für Filmgelder ihren Sitz in Mülheim an der Ruhr hat, wissen vor allem der Avantgardefilmer Werner Nekes, Undergroundfilmer Christoph Schlingensief (*Das Kettensägenmassaker*) und Hobbyfilmer Helge Schneider (*Johnny Flash*, *Texas*, *Praxis Dr. Hasenbein*) zu nutzen. Den filmischen Produkten dieser drei ist ein gewisser Hang zur... hm, experimentellen Form gemein; der Eindruck von konzeptueller Beliebigkeit und hohem Bierkonsum der Darsteller läßt sich nie ganz verwischen.

Einzig Regisseur Adolph Winkelmann schuf mit *Die Abfahrer* und *Jede Menge Kohle* zwei deftig-bodenständige Ruhrgebietsporträts, die auch dem konventionellen Kinogänger Vergnügen bereiten konnten. Besonders die Figur des marodierenden Kumpels *Katlewski* wird von vielen Insidern als archaischer Typus des Ruhri angesehen.

Rockmusik

Auf hundert Einwohner kommen im Ruhrgebiet mindestens fünf Rockbands. Eine laut und knurrig gespielte elektrische Gitarre versetzt jeden jugendlichen oder junggebliebenen Ruhri in ähnliche Erregung wie der Sound einer gutgetunten Harley-Davidson oder eines großen Wolf-Rasenmähers mit Fangkorb. Von der Rockmusiksucht profitieren vor allem die Besitzer alter Bunkeranlagen aus dem Zweiten Weltkrieg, die – in Dutzende von engen Proberäumen aufgeteilt – zu Wucherpreisen an die Rockbands vermietet werden. Fast jede Sparkassenfiliale im Revier sponsert jährlich eine CD mit Stücken der vielversprechendsten Nachwuchsbands eines Stadtteils, die zu einem überhöhten Preis an die Bandmitglieder und ihre Verwandten verkauft wird. Besitzer eines Rockclubs verfügen über eigens zu diesem Zweck angemietete Räume, in denen Demokassetten und Infomaterial bis zur endgültigen Vernichtung zwischengelagert werden.

Den Grundstein für die im Revier grassierende Rockmusikliebhaberei legten die *Beatles* und die *Rolling Sto-*

nes mit ihren Auftritten in der Essener Grugahalle. 1968 erschien sogar der damalige Undergroundpapst Frank Zappa auf den *Essener Songtagen*, weigerte sich aber, sich mit irgendwelchen Studenten zu solidarisieren. Der *Rockpalast*, die einstmals einflußreichste rockmusikalische Veranstaltungsreihe in Deutschland, startete 1977 ebenfalls in der Essener Grugahalle ihr erstes Livekonzert.

Aus der Vielzahl an ruhrgebietstypischen und -untypischen Rockern ragt der Essener Stefan Stoppok hervor, der mit trockenem Humor und seiner soliden Musikalität einen Soundtrack zum Leben und Lieben im Ruhrgebiet geschrieben hat.

Berühmte Ruhrpottler

Viele Prominente, die aus dem Ruhrgebiet stammen, bemühen sich – meist mit Erfolg – um einwandfreies Hochdeutsch und bringen es damit zuweilen auf eine Briefmarke. So stammt Bundespräsident Gustav Heinemann aus dem Pott, ebenso wie der sich mondän gebende Theatermacher August Everding. Auch Filmschauspieler (Heinz Rühmann, Elisabeth Volkmann), Schlagersänger (Juliane Werding, Freddy Breck), Zehnkämpfer (Jürgen Hingsen, Frank Busemann) oder Moderatoren (Elke Heidenreich, Friedrich Küppersbusch) sind im Revier heimisch.

Ein Sohn, dessen man sich im Ruhrgebiet eher schämt, ist der freidemokratische Politdarsteller Jürgen Möllemann, dessen notorisch große Klappe und peinliche Medieninszenierungen von den meisten als dem Ansehen des Reviers abträglich empfunden werden.

Gemeinsam ist all diesen Promis höchstens, daß sie nicht sofort als Ruhris erkennbar sind; das Ruhrgebietstypische wird – ganz im Sinne des Reviers als Einwanderungsregion – vor allem von frischen Immigranten verkörpert.

Ein falscher Ruhrpottler

Der *Tatort*-Kommissar Schimanski – gespielt vom Berliner Götz George – ist ein falscher Ruhrgebietler, der mittlerweile sowohl von Ruhris als auch von Nicht-Ruhris als Revierikone akzeptiert worden ist. Die Drehbuchschreiber mußten allerdings dem außen ruppigen und innen butterweichen Kommissar ob seines Berliner Dialektes eine Legende (»Ich hab meine Jugendzeit hier verbracht. Ich mag den Menschenschlag hier.«) verpassen. Auch löste der »Schimanski«-*Tatort* anfänglich heftige Zuschauerproteste aus, weil die Kamera immer bewußt in die etwas häßlicheren Ecken von Duisburg gehalten wurde. Als aber auswärtige Besucher immer häufiger nach den Schauplätzen der Ermittlungen von »Schimanski« und »Thanner« fragten, wurde peinlich darauf geachtet, die Umgebung des Duisburger Hafens weiter schön authentisch und häßlich zu belassen. Sogar die abgetragene Jacke von Schimanski durfte für den Kommunalverband Ruhrgebiet auf riesigen Plakaten Werbung für die Region machen.

Der Ruhrgebietler bewundert vor allem, auf welche Weise Schimanski trotz geringem Wortschatz (»Scheiße«), offensichtlich mangelnder Körperpflege und unmodischem Äußeren in jeder Folge bei Frauen landen kann. Noch mehr bewundert er jedoch die ständige Verletzung aller dienstrechtlichen Polizeivorschriften, die immer einer transjustiziablen und moralisch höherwertigen Gerechtigkeit dient und an die alle Ruhris unverbrüchlich glauben.

Noch ein falscher Ruhrpottler

Bis zum Auftauchen von Herbert Grönemeyer existierten keine Lieder über die Anmut und Schönheit des Kohlenpotts. Zwar hatte Deutschrocker Udo Lindenberg mit seinem Song »Der Malocher aus dem Ruhrgebiet« eine erste rockliterarische Annäherung versucht, bestätigte aber letzlich nur die gängigen Ruhrpottklischees. Erst der in Göttingen geborene Musiker und Auch-Schauspieler Grönemeyer machte den Ruhris auf musikalische Weise nette Komplimente:

> Tief im Westen, wo die Sonne verstaubt
> Ist es besser, viel besser, als man glaubt!

Alle Ruhrgebietler waren natürlich entzückt und sorgten durch nachhaltige Mundpropaganda dafür, daß Grönemeyers »4630 Bochum« mit – bis zum heutigen Tage – zwei Komma fünf Millionen verkauften Exemplaren die meistverkaufte deutsche Rockplatte wurde. Der wegen seiner unkonventionellen Tonbildung und niedrigen Textverständlichkeit liebevoll »Grölemeyer« genannte Musiker und Songschreiber erfreut sich bis heute im Pott ungebrochener Beliebtheit – vor allem wegen seines starken körperlichen Engagements im Livekonzert, wodurch er einen Rest »Maloche« in unsere Computergegenwart hinüberrettet.

Fußballgötter

Die Deutschen haben Ludwig Erhard ihr Wirtschaftswunder und die dazugehörigen Speckfalten zu verdanken. Aber die moralische Rehabilitierung nach dem Zweiten Weltkrieg ist dem Essener Fußballer Helmut Rahn gelungen. Sein linkes Bein, welches im Weltmeisterschafts-Endspiel von 1954 fünf Minuten vor Abpfiff das 3:2 gegen die »Pußtasöhne« klarmachte, wird zwar noch nicht im Bonner *Haus der Geschichte* aufbewahrt, ist aber für die Wiederherstellung des deutschen Selbstwertgefühls nach dem Zweiten Weltkrieg von höchster Bedeutung.

Am Marathon-Tor in Gelsenkirchen haben die Ruhris ein Denkmal für Ernst Kuzorra und Fritz Szepan errichtet. Anders als heutige Fußball-Legionäre stammen die beiden Schalker Fußballgötter aus dem Herzen des Reviers. Traditionsbewußte Ballfanatiker im Revier werden nicht müde zu betonen, daß viele der legendären polnischstämmigen Kicker aus der Blütezeit des Vereins (Tibulski, Kalwitzki, Kuzorra, Sadlowski, Orzessek, Borutta oder Koslowski) hart malochende Kumpels waren und Fußball nur in ihrer Freizeit betrieben.

Anmerkung: Kein Ruhri wird ganz genau erklären können, um was für eine fußballtaktische Variante es sich beim legendären »Schalker Kreisel« handelt. Wichtig ist: Irgendwie scheint Schalke damit in ferner Vergangenheit sehr häufig Deutscher Fußballmeister geworden zu sein; eine gründliche fußballhistorische Recherche könnte die leidgeprüften Schalker Fans vielleicht von ihrer seit 1958 anhaltenden Meistertitellosigkeit befreien.

Die Krupps

Jeder Heavy-Metal-Fan im Revier weiß, daß es sich bei den *Krupps* um eine superharte Metal- und Crossover-Band handelt, die stahlhart in die Gehörgänge reinknallt. Weniger bekannt ist diesen Jugendlichen, daß die originalen, historisch verbürgten Krupps eine Dynastie von mindestens genauso knallharten Typen waren, die wie keine andere Geschichte und Geschicke des Ruhrpotts mitbestimmten.

Der Urkrupp (»The Godfather of Steel«) war Friedrich, der 1816 zum ersten Mal Gußstahl in größeren Mengen herstellte. Er fing mit sieben Arbeitern an und hörte mit zwanzigtausend auf. Außerdem sorgte er dafür, daß das von den Engländern als Warnung vor miserabler Qualität erzwungene *Made in Germany* sehr bald zu einem industriellen Gütesiegel wurde. Sein Sohn Alfred Krupp war ein klassischer Patriarch, der sich mit Reitpeitsche und kniehohen Stiefeln fotografieren ließ. Für seine Arbeiter ließ er feine, aber kleine Arbeiterwohnungen bauen; er selbst residierte in dem nach eigenen Plänen erbauten Gründerzeitpalast Villa Hügel (zweihundertzwanzig Räume) und verlangte von seinen Arbeitern bedingungslose Unterordnung. In einem zweiundsiebzig Paragraphen umfassenden Leitpapier versuchte er nicht nur die Arbeitszeit, sondern auch die Freizeit und das Privatleben seiner Arbeiter und Angestellten zu regeln. Als erster privater Waffenlieferant der Welt erwirtschaftete er Riesenprofite dank des steigenden Bedarfs an Kanonen. Krupp Nummer drei, Enkel Friedrich Alfred engagierte sich für die Flottenbaupläne seines persönlichen Freundes Kaiser Wilhelm II. und verdiente sich an der Aufrüstung dumm und dämlich: 1884 war Kruppstadt – das Gebiet, auf dem sich das Werk erstreckte – größer als die eigentliche Stadt Essen. Weder das Ende des Kaiserreichs noch der kommunistische Ruhrkampf konnten Macht und Einfluß der Sippe schmälern. Nach der Machtergreifung Adolf Hitlers profitierten Alfried Krupp und die Vereinigten Stahlwerke von der nationalsozialistischen Aufrüstung; Propagandaminister Goebbels verfiel auf die Idee, daß der neue Deutsche nicht nur zäh wie Leder, flink wie ein Windhund, sondern auch »hart wie Kruppstahl« werden solle.

Ruhrpott-Politik

Der Reviermensch hält sich für eminent politisch und läßt das seinen Gesprächspartner auch wissen. Denn man liest ja nicht nur den Sportteil der *WAZ*. Besser als in demokratischen Details (zum Beispiel der Unterschied zwischen Bundesrat und Bundestag) kennt sich der Ruhri im sozialen Oben-und-unten-Gefüge aus. »Die da oben« fahren grundsätzlich den Karren in die Suppe, die dann der »kleine Mann« – also man selbst – wieder aus-löffeln muß. Auch in leitender Position bleibt der Ruhr-gebietler ein solch überzeugter »Underdog«. Mit Patent-lösungen ist man schnell bei der Hand und löst alle Pro-bleme der Welt – zumindest theoretisch – zwischen zwei Bierchen.

Fototermin mit Kumpels
Glückauf, der Minister kommt: Ein Fototermin mit Schutzhelm und Arbeitskleidung ist oberste Politiker-pflicht bei einem Besuch des Reviers. In längst stillge-legte Zechen oder Bergbaumuseen wird eine Brigade Frührentner geordert, die im Schein der elektrischen

Grubenlampe noch einmal ihren alten Beruf ausüben dürfen. Während der – ruhrgebietstypischer Zurückhaltung vollkommen bare – Bundespolitiker für die anwesenden Fotografen ungefragt einen Kumpel zu umarmen oder zu tätscheln versucht, verteilt sein Pressesprecher Autogrammkarten mit dem Motto »Ein Politiker zum Anfassen«. Übersehen wird dabei, daß es ja grundsätzlich die Politiker sind, die einen armen, überforderten Bergmann mediengerecht berühren oder begrapschen wollen. Peinliche Situationen entstehen, wenn weder Fotograf noch Bergmannskapelle zum angekündigten Lokaltermin erschienen sind und die Maskenbildnerin den Politiker umsonst sorgsam verrußt hat.

Der Sieg des Proletariats auf Papier und Bühne
Im Ruhrrevier entwickelte sich erst spät eine selbständige Arbeiterbewegung. Dann aber um so heftiger. Nirgends sonst werden die guten, alten proletarischen Werte museal so liebevoll aufbewahrt wie im Pott. Das meiste tragen dazu übrigens Akademiker bei, die in Tausenden von Untersuchungen die Traditionen der Ruhrgebietsarbeiterschaft wissenschaftlich aufarbeiten. »Rustikalquaderungen an Zechen des 19. Jahrhunderts« oder »Oberhausener Betriebsräte ab 1945« heißen diese mitreißend und spannend zu lesenden Untersuchungen, mit denen akademische Diplom- und Doktorgrade erworben werden. Den zahlreichen öffentlichen Bibliotheken im Revier bereitet so viel wissenschaftlicher Fleiß allerdings zunehmend Platzprobleme.

Im Ruhrgebiet wird Bühnenkunst vor allem als politisch verstanden. Das hat eine lange Tradition: Angeregt durch das sowjetische Agitprop-Theater *Blaue Blusen* taten sich zu Beginn der dreißiger Jahre Kumpels zusammen, um als *Rote Wühler*, *Rote Raketen* oder *Kolonie Links* den Sieg des internationalen Proletariats herbeizusingen und -zuspielen. Die Tradition setzt sich heute vor allem in der Kompositionsabteilung der berühmten *Folkwangschule* in Essen fort: Hier werden immer noch stramm sozialistische Märsche in der Hanns-Eisler-Tradition verfaßt.

Das Parteibuch

Der »rote Filz« im Revier ist die Antwort des kleinen Mannes auf »Bonzenmacht«, Industriekartelle und andere kapitalistische Verstrickungen. »Hassenen Parteibuch?« meint im Ruhrgebiet meist das SPD-Parteibuch, in dem die Beiträge vermerkt werden und das vielen Ruhrpottlern ohne dezidierte Berufsvorstellung die Tür zu hohen verwaltungstechnischen oder kommunalpolitischen Karrieren zu öffnen vermochte.

Kooperative Gesamtschulen, frauenorientierte Stadtteilforschung, multikulturelle Free-Jazz-Happenings, Verkehrsschneisen mit behindertenfreundlichen Fußgängerüberführungen: Ein Jahrzehnt lang wurde im Revier der Traum von einer Kultur- und Toleranzgesellschaft subventioniert. Als die Kassen leer beziehungsweise die Verschuldung ein mehr als peinliches Maß erreicht hatte, wurden die Aktionen und freien Mitarbeiter gestrichen, die unnütz gewordene Verwaltung aber blieb. Und so sitzen in Rathäusern und leeren Kulturcafés des Reviers eine Menge Kulturdezernenten, deren einzige Aufgabe es ist, den unzähligen lokalen Rockgruppen und Solo-Kabarettisten Absagebriefe zu schicken.

Verwaltung

Fünf Komma vier Millionen Ruhris gilt es zu verwalten. Dies wird mit dem größtmöglichen Aufwand betrieben, den man in Deutschland kennt. An die hundertfünfzig Oberbürgermeister, Bürgermeister und Landräte, dazu noch einmal so viele Oberstadtdirektoren, Stadtdirektoren und Oberkreisdirektoren tummelten sich zeitweise in über sechzig Rat- und Kreishäusern. Und jeder Ruhrpottler, der dort einen kannte, bekam auch noch ein Pöstchen. Eine Sekretärin etwas später. Drei Regierungspräsidien verwalten die Gegend aus gebührendem Abstand: Münster, Düsseldorf und das kleine sauerländische Dorffleckchen Arnsberg (sprich: »Ahnsbeach«). Das scheint abstrus, ist aber nicht weniger merkwürdig als die Tatsache, daß die Bundesrepublik Deutschland fünfzig Jahre lang von einem rheinischen Universitätsstädtchen aus regiert wurde. Nicht eine oder zwei, dreizehn verschiedene Gesellschaften sind für den öffentlichen Nahverkehr zuständig! Für eine Busfahrt von Dortmund-Aplerbeck nach Witten-Heven konkrete Busfahrzeiten und Umsteigemöglichkeiten zu ermitteln ist selbst Beschäftigten dieser Verkehrsunternehmen nicht möglich. Aus Frust über das Tarifzonenwirrwarr fahren selbst grundehrliche Großmütter und Großtanten schwarz. Alle sinnvollen Ideen, eine verwaltungstechnisch einheitliche Ruhrstadt zu schaffen, scheiterten am Eigensinn der Bürger und an denen, die sich beizeiten einen Posten mit Sekretärin besorgt hatten. Auch als es in den siebziger Jahren Bestrebungen gab, den Verwaltungsapparat per Eingemeindung nur etwas zu verschlanken, besannen sich die Reviermenschen auf ihre in vielen Arbeitskämpfen erprobte Streik- und Demonstrationskraft. Aus »GlaBotKi« – der geplanten Verschmelzung der Städte Gladbeck, Bottrop und Kirchhellen – wurde nichts; der hohe Papier- und Kaffeeverbrauch des Reviers blieb gesichert.

Ruhrpott-Sprache

»*Wer se schomma gehöat hat, der muß selps zugeem, datse gaa nich so schlecht iss, wie se imma alle tun*« (Elisabeth Fekeler-Lepszy). Ruhrpott-Sprache gilt traditionsgemäß als Kleine-Leute-Dialekt. Das ist sowohl soziologisch als auch historisch betrachtet richtig, darf aber nicht zum Umkehrschluß führen, daß man auch nur Kleine-Leute-Themen in ihr abhandeln kann. Im Gegenteil: Vermeintlich schwierige Sachverhalte erweisen sich aus dem Munde eines Ruhrgebietlers plötzlich als ziemlich überschaubar. Beispiel: »*Dat Perriskoop iss für umme Ecke zu kucken!*«

Die Ausdrucksweise im Ruhrpott ist drastisch (»*Unsan Onkel müssen wa gezz aunoch am Kacken halten!*«), aber nicht wirklich böse gemeint. So könnte »*Heut iss widder Polacken-Flachrennen!*« von Nicht-Ruhrgebietlern als ausländerfeindliche Äußerung mißverstanden werden, bezeichnet aber lediglich den sonntäglichen Besuch aller möglichen und unmöglichen Bekannten und Verwandten.

Im Bereich der Arbeitswelt haben sich viele Sprachreste der Einwanderer gehalten. *Malochen* (= arbeiten) stammt aus dem Jiddischen, *Rabotti machen* (= fest

arbeiten) ist russischen, der *Mottek* (= Hammer) pol-
nischen Ursprungs. Selbst ganze Ausdrücke wie *Schiss-
kojenno* (= wsystko jedno = polnisch: Was soll's?) haben
sich erhalten.

Die Sprache des Ruhrgebiets wird inzwischen von
Hobbyforschern und von Profis »*anne Unni*« systematisch erforscht. Es existieren Lexika und vHs-Veranstal-
tungen über Ruhrdeutsch. Auch die Übertragung der
wichtigsten deutschen Klassiker (»*Dat also iss dem Pu-
del sein Kean!*«) in Ruhrdeutsch ist geplant.

Oberster Lehrmeister des »Ruhri-Deutsch« war seit
1955 Wilhelm Herbert Koch, der mit seiner »Kumpel-An-
ton-Kolumne« in der *WAZ* Ruhrgebietssprache und -men-
talität auf den Punkt brachte:

»*Anton*«, *sachtä Cervinski für mich.* »*Datt mitti Po-äsi,
datt istoch watt Feinet!*«

»*Nu ja*«, *sarich*, »*woose eem hinpaast, sonst istatt n
bissken umstäntlich.*«

Die aktuellste und wahrscheinlich authentischste Ver-
körperung des traditionellen Ruhris haben wir Uwe Lyko
alias *Herbert Knebel* zu verdanken. Ähnlich wie *Tegtmeier* bezieht *Knebel* seine Komik aus dem Verheddern
in unüberschaubaren Satzlabyrinthen und offensicht-
lichen Problemen mit Bedeutung und Aussprache von
Fremdwörtern. Aus Psychologie wird »*Püssologie*«, aus
dem vornehm oxford-englisch ausgesprochenen Wool-
worth (»*Uuuhluöööth*«) »*Wollwott*«.

Aussprache & Ökonomie

Der Hang zur Gemütlichkeit drückt sich in der für das gesamte Revier typischen Dehnung (Garten = *Gaatn*) und Quetschung aller fünf Vokale aus. Diese tritt oft auf in Verbindung mit einer r-Vernachlässigung (Gurke = *Guake,* Berg = *Beach*); das ei wird zu einem langen ai gedehnt (*Main Gott, näh!*) Das j in *jetzt* wird zu g (*gezz*), das g am Wortende wiederum zu ch (Tag = *Tach*). Das tonlose und silbentragende e wird im Ruhrgebiet ganz eliminiert: Aus *Leben* wird *Leem*, statt *sieben* sagt man *siem*.

Wie kaum ein anderer Dialekt vermag das Ruhrge-bietsdeutsch wertvolle Zeit durch Zusammenziehung von Verb und Personalpronomen zu sparen, denn »*Inne Küaze lichti Wüaze*«. »Hast du?« wird zu »*Hasse?*«, »Was machst du?« wird zu »*Wat machsse?*«. Auch die Ver-schmelzung von drei (noch nicht einmal = *nonimma,* nicht noch einmal = *ninomma*) oder vier Wörtern (Zeig mir das einmal = *zamma* oder eleganter *zeichma*) zu einem neuen ist nicht unüblich. Ein weiteres verbalöko-nomisches Charakteristikum ist das gebeugte Verhält-niswort, welches längere und manchmal im Wortschatz nicht vorhandene Adjektive überflüssig macht. So sagt man »*dat auffe Hemd*« statt »das offene Hemd« und »*die zue Tür*« statt »die geschlossene«. Noch größer ist die Silbenersparnis bei »*dat wecke Hemd*« (»das nicht auf-zufindende Hemd«). Letzteres ist übrigens ein schönes Beispiel für die ruhrpott-typische positive Sicht von eigentlich negativen Sachverhalten: »*Mitten appen arm kann der Häbbet gezz entlich ma ne ruhige Kugel schiem!*«

Was beim Zusammenziehen von Wörtern gespart wird, büßt man manchmal durch die im Englischen übliche Kombination aus Hilfsverb und Infinitiv wieder ein. »Der arbeitet« wird zu »*Der iss am malochen*«. Auch die charakteristische Genitivvermeidung erfordert eine volkstümliche Hilfskonstruktion durch den »Wem-Sein«-Fall: Statt »Antons Kinder« heißt es »*dem Anton seine Blagen*«.

Im Gespräch

Wer als Auswärtiger authentisches und vitales Ruhrgebietsdeutsch studieren möchte, muß den O-Tönen von Bäckerinnen und Metzgerinnen zwischen Emscher und Ruhr lauschen:

»Waanse gestern mitti Kottletz zufriedn, Frau Kozlowski? So, mitti Serwelaatwuast macht dat Neuneuneneunzig. Huch, ne Schnapszahl! Da müssense abba einen ausgeem! Wußtense übrigens, unser Gabi krichten Kind. Abba der die dat gemacht hat, iss abgehaun, nee ich sachet Ihnen! Dabei habich ihr imma gesacht: Musse aufpassen, hass doch die Pille für um keine Kinder zu kriegn. Hamse ihr Enkelin heut dabei? Will dat Kleine en Stüxken Wuast?«

Tach oder *Guten Tach* ist die normale Begrüßungsformel, auch morgens oder abends. Zur Mittagszeit oder beim Betreten eines Raums voll kauernder und schlürfender Zeitgenossen sagt man *Mahlzeit!* Auf die Frage *Wie iset?* antwortet man knapp mit einem *Et muß!* oder einem ausführlicheren *Geht so! Un selps?* Verabschiedungen werden generell per *Tschüsken* oder *Bis die Taage!* erledigt, bei freundschaftlichem oder verwandtschaftlichem Verhältnis wird noch ein *Grüß mir die Erna! (den Anton)* angehängt. Zustimmung wird durch *jau* (oder stärker: *jau ey*), Ablehnung durch *nääh* ausgedrückt. Man *labert* und *kakelt* gerne, oder man muß dem Gegenüber etwas *verklickern* oder *verkasematuckeln* (= erklären). Ein *Vertellken* (= Gespräch) verläuft am Telefon viel gesprächiger als im normalen Leben. Trotzdem tut der Ruhrgebietler an der Strippe gerne so, als wäre er a) entweder sehr beschäftigt oder b) sparsam mit den Telefonkosten: *Gezz musich abba Schluß machen!* Worauf das Gespräch nach einer weiteren halben Stunde wirklich endet.

Meckern & Lästern

Im Lästern sind die Ruhrpottler Weltmeister. Das vermag der Auswärtige jedoch meist nicht zu erkennen, da ja nur hinter seinem Rücken über ihn hergezogen wird. Das gemeinsame Meckern und Lästern über Dritte festigt die eheliche oder freundschaftliche Verbindung der Ruhrgebietler. Je vertrauter zwei Ruhris miteinander sind, um so heftiger und phantasievoller wird über andere hergezogen.

Döskopp, Kappeskopp, Dämlack oder *Heiopei* sagt man zu trotteligen Zeitgenossen, die *Kockelores, Kappes* oder *Mumpitz* produzieren. *Krampe* oder *Nulpe* sagt man zu Versagern, *Schlunzkopp* zu einem unordentlichen Menschen. Unter einer *Brummsumse* versteht man eine schlechtgelaunte (= *pröttige*) Frau, die ständig *moppert, motzt* oder *herumbölkt* (= meckert). Eine großer, dünner Mann heißt *Schmachtlappen*, sein weibliches Gegenstück *dürre Hippe*. Ein *Ösken* ist ein freches Kind, ein *Schmierprinz* oder *Schmierlapp* ein schmutziges. Mit *Stenz und Tätowierer* sind Gestalten der Halbwelt gemeint, mit *Paselacken* nicht gesellschaftsfähige Mitmenschen. Nervensägen *gehen einem auf den Zeiger*, machen einen *rammdösig* und *hibbelig* (= nervös) oder *man kriegt die Pimpernellen*.

...Besonders, wenn Schalke mal wieder verloren hat.